The Cognitive Mechanism of Opportunity Recognition

认知视角下的机会识别机制研究

刘依冉 ◎ 著

中国财经出版传媒集团
经济科学出版社
Economic Science Press

图书在版编目（CIP）数据

认知视角下的机会识别机制研究/刘依冉著.
—北京：经济科学出版社，2020.4
ISBN 978 - 7 - 5218 - 1431 - 6

Ⅰ.①认…　Ⅱ.①刘…　Ⅲ.①创业 - 研究
Ⅳ.①F241.4

中国版本图书馆 CIP 数据核字（2020）第 053574 号

责任编辑：张立莉
责任校对：郑淑艳
责任印制：邱　天

认知视角下的机会识别机制研究
刘依冉　著
经济科学出版社出版、发行　新华书店经销
社址：北京市海淀区阜成路甲 28 号　邮编：100142
总编部电话：010 - 88191217　发行部电话：010 - 88191522
网址：www. esp. com. cn
电子邮箱：esp@ esp. com. cn
天猫网店：经济科学出版社旗舰店
网址：http：//jjkxcbs. tmall. com
固安华明印业有限公司印装
710×1000　16 开　11.75 印张　230000 字
2020 年 7 月第 1 版　2020 年 7 月第 1 次印刷
ISBN 978 - 7 - 5218 - 1431 - 6　定价：79.00 元
（图书出现印装问题，本社负责调换。电话：010 - 88191510）
（版权所有　侵权必究　打击盗版　举报热线：010 - 88191661
QQ：2242791300　营销中心电话：010 - 88191537
电子邮箱：dbts@ esp. com. cn）

前　　言

创业机会的质量决定了新企业的成长和绩效，所以，机会识别是创业领域的核心议题。本书依托于结构映射理论，将机会识别看作寻找技术和市场之间结构相似性的认知过程。在此判断的基础上，进一步考察创业者的哪些认知和心理因素有助于形成结构相似性联结。具体探讨了创业者的信息加工方式、有关技术和市场的知识水平、情绪和动机对结构相似性形成的作用效果，并充分论证了认知系统和心理系统在形成结构相似性判断上的交互作用。通过情景实验和问卷调查的方法，采用 t 检验、多元线性回归等分析方法对假设进行了实证检验，得到以下发现和结论。

首先，相比直觉式，创业者的分析式认知风格有利于结构相似性形成。其次，市场知识有利于结构相似性形成，技术知识的作用不显著。再次，促进定向机会识别中结构相似性效应形成，预防定向起阻碍作用。最后，本书发现了创业者知识水平和心理特征的交互作用，具体表现为技术知识正向调节促进定向与结构相似性效应关系，负向调节预防定向与结构相似性效应的关系；技术知识负向调节分析式认知风格与结构相似性效应的关系，当技术知识水平低时，分析式认知风格对结构相似性效应的促进作用更强；情绪与知识水平产生交互作用，在知识丰富的情况下，积极情绪对结构相似性的形成可以起到促进作用。

本书的创新和价值之处表现在以下四个方面。首先，丰富了创业认知领域的研究。本书深入探索了创业者的独特认知对关键创业任务的影响，回顾创业领域研究，虽然不乏对创业者认知禀赋和机会识别关系的探讨，但是本书的关键在于剥离出机会识别中的关键认知过程，在更细致和精确的层面上揭示信息加工如何影响机会识别以及影响机会识别中的哪些认知环节。其次，通过考察个体因素对结构相似性效应形成的作用，在先前形成"机会识别是寻找市场和技术之间结构相似性"论断的基础上，继续回答创业者的哪些心理因素有助于形成结构相似性，拓展了机会识别的研究。再次，考察了认知系统和心理系统的交互作用，超越研究中以往对两者作用的分离，更准确和系统地还原了机会识别的决策过程和影响因素。最后，通过对机会识别中关键认知过程的考察，进一步解释哪些创业者能够识别高质量的机会，对创业者自省、创业教育课程的设置和创业政策的制定都有所启示。

本书的结构安排如下：第 1 章为绪论，起概述作用，论述研究背景、研究意义、研究方法和过程；第 2 章为文献回顾与述评，详细阐述本书的理论基础以及创业认知和机会识别领域的研究；第 3 章依据理论和先前研究推导假设，并建构理论模型；第 4 章对研究变量和问卷设计进行统一描述；第 5 章为实证研究过程和结果；第 6 章对研究结果进行讨论，并指出本书中的不足和未来研究方向。

目　　录

绪 论

在"大众创业、万众创新"的时代背景下，中央和地方政府出台的创业优惠政策显著降低了创业门槛，导致我国新创企业的数量急剧增加。然而，反观创业现状，低创新潜力和高创业失败率成为制约我国创业发展的两大因素。那么，提高创业质量，将创业对经济发展的带动作用落到实处成为当下亟待解决的重要问题之一。创业过程始于机会识别，最初识别机会的质量对企业的生存和发展起关键性作用。在此背景下，如何培育机会识别能力，通过提高机会识别能力来提升整体创业质量是学术界和实践界共同关注的热点问题。首先，本章提出了本书的研究问题及其背景，并阐释理论和实践意义；其次，介绍了研究内容和方法；最后，展示了本书的逻辑和框架。

1.1 研 究 背 景

1.1.1 现实背景

国家工商行政管理总局数据显示，我国自 2014 年 3 月 1 日以来，新登记注册企业快速增长，同比增速达 45.88%，平均每天新增企业 1.06 万户。清华大学中国创业研究中心发布的《全球创业观察（GEM）》（2015—2016）也表明，中国目前已经成为全球创业最活跃的地区之一。尤其是李克强总理在 2014 年夏季达沃斯论坛首次提出"掀起'大众创业''草根创业'的新浪潮，形成'万众创新''人人创新'的新姿态"后，又于 2015 年政府工作报告中重申推出"大众创业、万众创新"。许多人将其视为创业"利好"信号，新一轮创业热潮掀起。创业数量迅猛增长，然而我国创业质量的现状并不乐观。全球创业观察（GEM）报告（2002—2012）指出，虽然我国创业活动已经完成从生存型向机会型创业的转变，但是创业活动的质量不高，在全球的排名落后，较多地集中于低技术行业，以利用劳动力成本优势为主。并且这种状态很可能随着创业基数的增加而更加突兀。因此，在创业数量剧增的现实背景下，如何提高创业质量是值得学界、商业和政府部门共同思考的问题。

创业活动始于机会识别，机会识别的质量直接影响新企业的发展前景和价值。如果说我国整体创业质量不高，那么作为制约创业质量的第一道关卡，高质量机会识别的问题需着重考量。斯晓夫等研究者曾发问，在创业热的时代背景下，创业的核心究竟是什么？是就业、文化还是创新？几位研究者通过分析文献，试图达成一种共识，即"创业涉及很多内容，但它的核心是创业机会"（斯晓夫、王颂、傅颖，2016）。

在实践界，许多知名企业家也都直言机会的重要性，比如，华为创始人任正非多次讲道："抓住了战略机会，花多少（钱）都是胜利，错过了发展机遇，将会全军覆没。"[1] 高质量的创业机会并非源于对创业潮流的盲目追逐，更不是对成功企业的简单复制，识别这样的机会需要创业者在独特的知识和思维方式的基础上形成洞见力。比如，阿里巴巴集团创始人马云对机会识别持有这样的态度："思考十年后会发生什么样的情况，然后今天去准备，努力十年，十年以后，这个事情真发生了，你的机会就来了。[2]"从这一角度来看，高质量的机会识别并非易事，正如爱迪生所言，大多数人会与机会擦肩而过，因为机会总是把自己伪装起来[3]。

每位成功的企业家可能对如何识别机会等基本的创业问题有独到的理解。这些饱含实践智慧的理解和描述里面是否有共通的规律？往往被企业家归因为灵光一现而识别到重要商机的背后是否有独特的因素在驱动？在开始创业行动之前，如何有效判断机会价值？这一系列的问题是研究者所

---

[1] 黄卫伟：《价值为纲：华为财经管理纲要》，中信出版社 2017 年版。
[2] 资料来源：马云 2014 年在北大演讲实录。
[3] 原话为："Opportunity is missed by most people because it is dressed in overalls and looks like work."

要解答的。在创业学术研究中，研究者将创业机会定义为目的（即市场）和手段（即技术）的匹配，高质量机会难以识别即意味着市场和技术之间难以实现准确和有价值的匹配。这在现实中的反应之一是很多技术在发明很久之后才被迁移至其他有需求的市场，科技创新难以顺利商业化。现如今，人们已经习惯使用的拉杆箱发明于 1991 年，其时间之晚可能出乎大多人的意料。将轮子（常用于交通工具）应用在行李箱上的工艺与人们出行携带和搬运大型行李箱的需求并存已久，才有人将两者联系到一起发明了拉杆箱。因此，如何识别高质量的创业机会是实践界和学术界共同关注的问题。

创业需以创新为基础，关键在于创造价值。推进"大众创业、万众创新"的实质在于通过加强全社会以创新为核心的创业教育，弘扬"敢为人先、追求创新、百折不挠"的创业精神，厚植创新文化，不断增强创业创新意识[1]。相反，忽视机会质量而盲目行动实际上是对国家资源和个人资源的浪费。在弘扬创新的时代背景下，学术界与实践界应共同思考高质量创业机会识别背后的机制，识别可被教授的思维和心理模式，通过提高识别的机会质量来切实提高我国创业活动的质量，从而将创新型国家建设战略落到实处。这构成了本书的实践背景。

1.1.2 理论背景

随着创业研究的深入以及社会对创业的关注和扶持力度的加大，分析研究创业的重点必然向前端倾斜，并直接关注创业者。那么，什么样的创业者更容易成功？或者说，创业者应具备什么素质更容易成功？自然就成为人们关注的焦点。机会识别是创业研究领域的核心问题，对"为什么有人能够识别机会而另外一些人不能"问题的回答，一方面，有助于甄选有潜力的创业者；另一方面，能够帮助识别和培育关键创业技能，提高整体创业质量。鉴于其重要性，在这一问题上积累了大量的研究成果（Baron，2007；Zacharakis and Spinelli，2007），比如，研究表明，生活经历（Klepper and Sleeper，2001）、信息搜索（Fiet，2007；Fiet and Patel，2008）、社

---

① 引自《国务院关于大力推进大众创业万众创新若干政策措施的意见》，2015 年 6 月。

会联结（Aldrich and Zimmer，1986）等因素都能影响机会识别。但是这些成果也受到许多研究者的诟病，机会具有事前不确定性，在开发之前，没有人能够预知结果，归根结底只是一种对未来的信念。但是现有研究多数基于后视视角，难免受到回忆偏差、存活者偏差的影响（Golden，1992）。导致许多问题难以回答，比如，环境中机会信号的捕捉模式（Shepherd et al.，2007），信息加工过程中的关键禀赋（Kuvaas，2002）等问题尚无清晰答案。归结起来，我们仍然难以事前知晓在机会识别过程中，创业者的头脑中究竟发生了什么，哪些因素在其中起作用，以及如何作用等问题（Grégoire，Barr and Shepherd，2010）。

受这些研究目的的驱动，认知视角下的机会识别研究逐渐兴起。起初，研究者们试图探讨机会识别中包含哪些认知过程。巴隆（Baron，2006）率先解构了机会识别的认知机制，将其还原为基本的模式识别过程。随后，格雷瓜尔团队（Grégoire，2010，2012）挑战了巴隆的研究成果，认为机会识别的本质是寻找技术和市场之间的结构联结。其一系列的研究成果不仅对机会识别的认知机制做出了更清晰的刻画；而且，研究中所采用的口语报告、情境实验等方法是对创业者机会识别当下认知过程的探究，克服了事后调研的回忆偏差，具有重大的理论贡献和方法突破。

以格雷瓜尔等人的研究为背景，"为什么有人能够识别机会"的问题应当深化为"为什么有人能够发现市场和技术之间的结构性联结"或"为什么有人能够通过结构性联结识别机会"。对后者的回答在更深入和细致的层面区分了机会种类，能够更有针对性地甄选高质量的创业项目以及识别具有潜质的创业者。但是，在先前研究中发现的大量影响机会识别的因素中，究竟哪些有助于创业者形成结构性联结？形成结构性联结需要什么样的思维方式，调动哪些认知和心理资源？这些问题鲜有研究探讨。依托于结构映射理论，借鉴格雷瓜尔等人（2012）的实验情境设计，考察形成结构联结时所使用的认知风格以及信息加工所调动的认知和心理资源，构成了本书的理论背景。

1.2 研究问题与研究价值

1.2.1 研究问题

根据前面分析可知，现阶段研究基本打开了机会识别的"认知黑箱"，明晰了机会识别所包含的基本认知过程。尤其格雷瓜尔等（2012）创造性地将机会识别过程解构为技术和市场之间的类比和匹配，将机会识别研究推入新境地。回顾 2015 年 6 月之前，发表在 AMJ、AMR、JMS、JOM、JBV、ETP、JSBM、SEJ 八个管理学和创业领域的顶级期刊中，有关创业认知研究的 124 篇文献可以发现，创业机会主题的研究在创业认知领域占据重要地位（杨俊、张玉利、刘依冉，2015）。但是这些研究或者基于后视视角，采用机会识别数量和机会创新性等方式评估机会识别（Fiet，2007；Fiet and Patel，2008；Shepherd and DeTienne，2005）；或者着重揭示机会识别的认知过程（Baron，2006；Grégoire et al.，2012）。少有研究关注创业者的独特认知和心理因素如何影响机会识别的认知过程。比如，已有研究发现，系统搜索式的信息加工方式有助于提升机会识别数量（Fiet，2007），那么，不同信息加工方式主导是否也会引发机会识别过程差异？本书借鉴格雷瓜尔等（2012）的研究设计，深入关注影响表面联结和结构联结形成的认知因素，具体关注以下几个问题。

（1）检验中国情境下，机会属性（表面联结和结构联结的不同组合）对机会识别的影响效果是否与先前研究一致，这也是对所设置情景在中国背景下应用的效度考察。

（2）市场和技术各自的结构特征和表面特征是创业者判断两者之间是否匹配的关键线索，其中，结构特征匹配是机会成立的关键，那么，创业者的认知和心理因素如何影响对结构相似性的探测，这是本书所要考察的第二个问题。

（3）在研究问题（1）的基础上，继续探讨，个体作为一个完成的系统，认知和认知所处的心理背景如何交互影响对结构相似性的探测。

1.2.2　研究价值

本书有以下理论价值。

首先，丰富了创业认知的研究。随着创业研究的深化，创业者如何思维和决策的问题已经得到越来越多研究者的关注。创业认知领域的研究从关注创业者有别于管理者或非创业者的独特认知特性切入，但是识别这样的认知特性只是为创业认知研究做好铺垫而非目的。在此基础上，研究者逐渐开始关注创业者的独特认知如何影响行为，通过揭示价值创造活动的认知机制，总结成功创业者的思维规律。机会识别作为创业过程中的关键一环，也一直是创业认知学者们关注的重点。回顾创业领域研究，虽然不乏对创业者认知和机会识别关系的探讨，但是本书关键在于剥离出机会识别中的认知过程，在更细致和精确的层面上揭示了信息加工和心理因素如何影响机会识别以及影响机会识别中的哪个认知环节，增强了认知对创业行为影响的解释力和预测力。

其次，通过考察个体因素对结构相似性效应形成的作用，在"机会识别是寻找市场和技术之间结构相似性"论断的基础上，继续回答创业者的哪些心理因素有助于形成结构相似性，拓展了机会识别的研究，深化对机会本质的理解。在学术界，有关机会来源的问题一直存在争议，主要观点可以归纳为两种。机会发现观认为，机会是客观存在、外生于创业者的，源自科技、政治等方面的变化，等待具有警觉的创业者发现（Kirzner，1979）。与此相对，机会创造观认为，机会具有内生性，是创业者通过行动主观意会和建构的（Gartner，2001）。若是没有创业者行动，机会本是不存在的，所以创业者无法事先评估机会价值（Alvarez and Barney，2007），处于完全无知的状态（McMullen and Shepherd，2006）。从认知视角来看，机会识别是创业者基于先前经验对捕获到的客观机会信息进行主观解读和意义赋予的过程，这一过程受到信息本身以及创业者认知、心理因素的影响。格雷瓜尔等（2012）的研究证明了机会识别是寻找市场和技术之间结构特征联结的认知过程，并着重探讨机会属性（信息）对机会信念的影响。其中，机会情境中的结构信息和表面信息是客观的，而创业者如何评估和解读这些信息形成不同机会信念是主观的。本书基于这一理解，并侧重于考察个体因素对机会判断的影响，延续和丰富了这一脉络的研究。

最后，考察认知系统和心理系统的交互作用，超越研究中以往对两者作用的分离，更准确和系统地还原决策过程和影响因素。人作为一个整体，认知和心理系统自然是无法分离的。信息虽然主要在认知系统中加工，但显然会受到动机、情绪等心理因素的影响。但是以往研究在考察心理因素对创业行为的作用时，仅仅将其作为认知的前置因素，认为心理因素通过影响认知而影响行为，忽略了这些变量之间复杂的相互作用关系。本书将信息加工过程看作创业者依据自己的知识，以特定的信息加工方式对情景信息进行意义赋予的过程，这一过程也会受到创业者当前主观感受（情绪）和惯常行为准则（调节定向）的影响。在探讨各个变量单一作用效果的基础上，本书继而充分考察不同因素之间的交互作用，更生动和真实地还原机会识别决策的过程。

另外，本书对实践界有以下启示。

首先，从创业教育层面出发，本书研究成果可用于培育潜在创业者的关键认知技能。本书致力于发掘创业者哪些知识和认知技能有助于识别高质量机会，尤其是在信息模糊的情境中，创业者自身的什么因素会对机会识别起到关键作用。识别这些因素后，可以有针对性地开发相关认知技能培育体系以及思维技巧的训练课程，以提高整体创业质量及创业成功率，更好地以创业带动经济发展。

其次，从政策制定方面出发，本书研究的成果，一方面，可用于识别高潜质创业者。本书探索和归纳的机会识别关键认知特性和心理特征有助于政府和投资专家筛选有潜力的创业项目。创业是创造性的破坏，很难事先判断其价值。当投资者无法事先对创业项目作出准确评估时，可以转而关注创业者是否具备关键创业认知特性和能力。并且，本书成果可以刻画出高质量机会识别创业者的特征，有助于政府制定创业项目的重点资助群体。另一方面，本书对机会识别机制的揭示有助于改善机会结构，在宏观层面上创造机会。机会识别是技术和市场之间的有效匹配，很多技术和市场需求并行存在却不能被联结，本书对机会本质的揭示有利于资源配置，更有效地将实验室中的技术转移到有需求的市场。

最后，从创业者自身角度出发，本书的研究成果可以帮助他们意识到机会种类差异，有意识培养机会识别技能，更好识别机会。很多创业者称

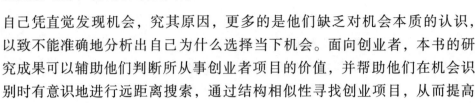

自己凭直觉发现机会，究其原因，更多的是他们缺乏对机会本质的认识，以致不能准确地分析出自己为什么选择当下机会。面向创业者，本书的研究成果可以辅助他们判断所从事创业者项目的价值，并帮助他们在机会识别时有意识地进行远距离搜索，通过结构相似性寻找创业项目，从而提高个体创业价值和成功率。

1.3　研究内容与方法

1.3.1　研究内容

基于对研究问题和研究现状的分析，本书主要探讨以下四个方面内容。

第一，不同联结（结构联结与表面联结）与机会识别关系研究。信息本身能够降低不确定性，提供理解模糊情境的线索。丰富的信息能够帮助创业者对情境准确赋意；相反，信息不确定会带来决策线索缺失，导致决策失误。本书首先修订格雷瓜尔等人使用的实验情境，检验其在中国背景下的适用性。重点关注在信息不确定情境中（高结构低表面相似性和低结构高表面相似性），中国创业者如何认知和形成机会信念，并以此作为研究接下来的研究问题的工具基础。

第二，提炼机会识别过程中的关键认知禀赋。鉴于以往研究过多地关注认知风格与机会识别的关系，本部分超越探索认知风格和是否识别机会的线性讨论，从解开创业者认知风格的信息加工方式入手，剖析创业者对机会相关信息的编码和利用方式，以及在此过程中起关键作用的认知模式，在更深层次上挖掘和识别机会识别过程中关键认知禀赋。本书一方面关注哪些认知要素有助于形成结构相似性判断，另一方面试图解答哪些认知要素能够促使创业者将商业信息进行更丰富的编码，以提高机会识别的质量。

第三，识别影响机会识别过程中的心理变量。认知科学以信息加工过程为研究对象，而信息不仅是在认知系统中进行加工，更是在整个心理系统中进行加工。创业者对当前环境所传达信息的感知和解读会受到之前智力、经验以及个性、动机等各种自身心理因素的影响（Morsella et al.,

2008）。也就是说，即使是面对相同的信息，采用相同的信息加工方式，但是由于信息激活了不同创业者的不同认知资源，而也会产生迥异的信息加工结果。个体记忆中不仅储存着具体的事件，也储存着事件发生的情境，以及相关情绪、态度和动机（Thagard，2005）。所以，机会识别的认知过程也会受到情绪、动机等心理变量的影响，本书研究的第三项内容为识别影响机会识别过程中信息解读的心理因素。

第四，探讨认知因素和心理因素在机会识别中的交互作用。信息加工是认知因素和心理因素同时作用的结果，在此过程中，认知和心理因素难免存在交互影响。创业者的认知禀赋和心理背景如何交互影响机会信念的形成，特定的认知风格的作用效果在哪些心理背景下得到强化，哪些心理因素会弥补认知的不足等问题是本书最后所要关注的内容。

1.3.2 研究方法

本书主要采用文献与实证研究相结合的方法。

在文献研究方面，笔者历时两年时间，广泛搜集和阅读有关创业认知和机会识别方面的文献，对已有文献的研究问题、采用变量、理论基础、研究方法等主要内容进行梳理和总结，掌握了相关领域的研究进展和前沿问题，并发现已有研究的不足。在此基础上，构建本书的理论模型。

在实证研究方面，遵循研究方法需与研究问题相匹配的原则，本书采用问卷调查和情景实验两种方法。一方面，基于已有研究中有关机会识别情景的设计，本书将技术和市场之间的"结构性联结"和"表面性联结"等理论构念融入情景之中，通过测量创业者对每个机会情境的判断来反映不同类别机会之间的识别差异。另一方面，在文献回顾和理论论证的基础上，对所构建模型中变量的理论内涵进行深度挖掘，通过查阅文献、联系量表开发者、访谈创业者等方式，最终准确锁定每个变量的匹配测量方式。在数据分析方面，首先，通过因子分析、信度检验等方法确定所选测量工具的信效度和基本维度；其次，通过方差分析检验四种机会情景之间的差异，确保情景设置的效度；最后，通过多元线性回归进行假设检验。

1.4 研究过程与结构安排

1.4.1 研究过程

本书由两个主线构成。一条是系统梳理相关领域的文献，提出研究假设并建构模型；另一条主线是基于问卷调查的实证分析，为理论模型提供实证依据。本书实施的技术路线如图 1-1 所示，具体由以下几个阶段构成。

第一阶段是研究主题选择阶段（2014 年 1~12 月）。自 2014 年，笔者开始大量阅读创业认知和创业心理领域的相关文献。在文献阅读梳理的进程中，广泛与周围同行讨论并多次在团队例会上进行交流汇报，并将梳理成果整理成综述文章发表。在 2014 年期间，笔者还围绕创业认知主题进行多次调研探索，在相关问题上积累了一定的研究成果。

第二阶段为研究问题论证和研究设计阶段（2014 年 12 月~2016 年 10月）。自 2014 年 11 月起，以团队申请自然基金重点课题为契机，继续在创业认知领域进行深入探索，对该领域的主要研究问题、发展脉络、研究方法、前沿问题等几大模块有了更加清晰和全面的认知，并将研究重点集中在了认知和机会识别这一细分领域。随后，在 2015 年 4~5 月期间，多次在团队例会上汇报研究问题，经过多轮打磨和集思广益，逐步确定研究轮廓。与此同时，笔者还多次与南开大学社会心理学系的老师、同学们进行探讨，汲取不同营养，最终确定研究问题。

变量选取、模型建构和问卷设计，于 2015 年 6~9 月进行。建立在第二阶段积累之上，笔者基于信息加工理论，选取相关变量并构建理论模型。主要设计采取了情景实验的研究方法。在变量测量上，笔者选取了先前研究中使用较广、信效度高的测量量表。其中，认知风格的测量方式未公开，笔者致信量表开发者——利兹大学的克里斯托弗·艾伦森（Christopher Allinson）教授，索要量表，并得到首肯。在初步完成模型建构和问卷设计后，笔者在 6 月初针对两名创业者进行访谈并收集 30 份问卷进行小样本预调研，根据其反馈，对问卷进行了修订。此后，2015 年 7 月，在 IACMR 研究方法工作坊的小组场次和大会场次对研究计划进行汇报，汲取了与会老师同行们的宝贵意见。进一步修改问卷后，于8月选取三名创业者进行问卷填答，之后对他们进行深度访谈，听取他们关于问卷设计的意见，随后继续修改问卷。后于2015年9月~2016年10月，笔者赴美国纽约州立大学布法罗分校交流访问，其间就研究设计不断与外国导师讨论，并形成问卷终稿。

第三阶段为数据收集和书稿撰写阶段。本书的数据收集集中在2016年10~12月，以国科火炬企业孵化器研究中心2016年度培训开展为契机，通过参与培训的科技企业孵化器从业人员，向科技企业创始人发放问卷。

2015年6月起，笔者通过大量文献阅读和分析，开始本书的理论部分撰写。并于2016年12月，分析和整理数据后，继续完成本书的终稿。

本书的技术路线如图1-1所示。

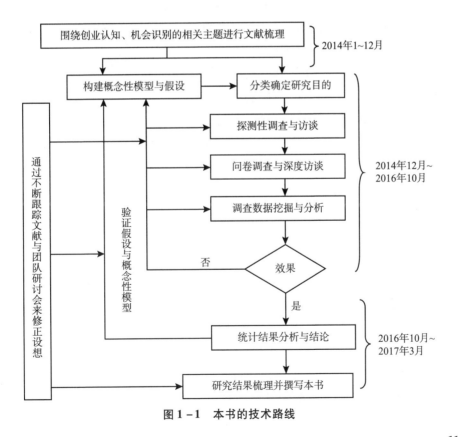

图1-1 本书的技术路线

1.4.2 整体结构

本书由6章内容组成，每一章的具体研究内容如下。

第1章为绪论。主要对本书的基本情况进行了介绍，包括研究背景、研究问题、研究内容、研究方法、技术路线与结构安排等内容，对本书的研究作一整体、框架式的阐述。

第2章为文献回顾与述评。本章详细阐述本书研究所处领域的研究现状，对与本书研究相关的创业认知、机会识别、结构映射理论等既有研究作系统梳理与归纳提炼。首先，鉴于本书研究隶属于创业认知这一研究领域，笔者先对这一领域的主要研究问题进行文献梳理；其次，本书的研究主题涉及机会识别，笔者随后梳理机会识别领域的认知和行为相关问题；再次，在本书中，结构映射理论是链接认知和机会识别的桥梁，接下来笔者围绕这一主题进行文献梳理；最后，综合前人发现，对其进行述评，发现其中不足，提出拟解决的研究问题。

第3章为理论假设与模型构建。本章进一步提出本书的理论模型与具体研究假设。聚焦于机会识别机制和影响因素，基于结构映射理论，本书建立了包含认知风格、认知基础和关键心理因素（情绪、调节定向等）的概念模型。在此基础上，进一步识别变量之间的内在逻辑关系，推导研究假设。主要包括四个部分：第一，论证认知风格与结构相似性的关系；第二，论证知识基础与结构相似性的关系；第三，论证动机和情绪两大心理因素与结构相似性的关系；第四，综合考察认知和心理因素的交互作用。

第4章为研究设计与研究方法。本章主要是对本书的问卷设计与开发、变量的操作化定义、预调研、数据收集与分析、所用统计方法等作一介绍，以此确保并证明本书研究的科学性、严谨性、规范性。为随后研究中所得到的结果的可靠性作铺垫。

第5章为实证分析与结果。本章首先对问卷调查中所涉及的调研工具进行信效度检验，确保研究工具的可靠性和有效性。然后针对所获得的数据资料进行统计处理，明确研究假设成立与否，最终得出研究结果。在此基础上，进一步将研究结果和既有理论与成果进行对比讨论。

第 6 章为结论与展望。首先，本章总结了本书的结论与主要发现；其次，归纳本书的理论贡献，指出本书的创新点与实践意义；最后，明确本书的不足之处与研究局限性，进一步指明未来的研究重点与方向。

第 2 章

文献回顾与述评

本书的主题是从创业者认知视角分析机会识别的机制，文献回顾部分首先，综述创业认知研究的源起和进展，从创业认知领域的研究对象、创业者的思维方式和信息加工过程、认知的影响因素、认知对行为的影响四个层面展开；其次，回顾机会来源、影响机会识别的行为因素和机会识别的认知机制等相关研究；再次，在3.1节，研究者简要概述本书所涉及的结构映射理论和连贯理论；最后，对相关研究评论并指出现有研究的不足和未来研究方向。

2.1 创业认知研究概述

2.1.1 创业和创业认知

创业在推动经济发展和社会进步、提高国家创新水平、解决就业社会问题等诸多方面都扮演着重要角色。所以，创业活动不仅在全球范围内蓬勃开展，越来越多的大企业也强调以创业精神和创业导向开展工作（即公司创业）。也正是因为其重要性，创业正逐步成为一个独立的研究领域。谢恩和文卡塔拉曼（Shane and Venkataraman, 2000）在其经典之作《创业作为一个研究领域的前景》中，将创业定义为机会的识别和开发，主要强调个体与机会的互动。创业现象复杂多变，若要探索创业过程中可被识别的规律，则需要有不同的研究工具。经济学、社会学和心理学是创业研究的三个主要工具学科。其中，像熊彼特（Schumpeter，1934）、麦克利兰（McClelland，1961）等在创业研究发展中起到奠基作用的学者都曾以个体为创业研究的主要对象，更有研究者称创业活动归根结底就是个体性的（Baum et al.，2007）。

事实上，创业的心理学研究由来已久，其中，创业者的人格特质是经典的创业研究领域之一。创业人格研究主要关注"谁是创业者"这一问题，研究者假设创业者具有区别于其他群体的人格特质，是一类可以用"一组特质"描述的群体。这一领域的研究活跃于 20 世纪 60～80 年代，遗憾的是，研究者并没有找到可以稳定地区分创业者和非创业者的特质，研究结果中存在许多矛盾之处。鉴于此，加特内（Gatner，1988）提出，"谁是创业者"是一个错误的研究命题。直接导致创业特质的研究在喧嚣和争论中进行了 30 余年后终于落幕。随后，创业研究开始关注经济环境、创业团队、社会网络等视角，对心理学避而不谈。

但即使在这种情况下，仍有少数研究者坚持认为，创业活动的开展离不开创业者，心理学视角下的创业研究具有重要意义。其中，谢弗和斯科特（Shaver and Scott，1991）两位研究者的观点最为鲜明有力，两位研究者在《个体、过程、选择：新企业生成的心理学视角》一文中指出，心理学与其他学科的区别在于其研究对象是人，但人并不等于人格。所以，不能因为创业人格研究的失败而全面否定心理学在创业研究中的意义。比如，对创业者认知机制的探索可以帮助我们刻画创业行为和决策的深层动因。基于这些判断，两位研究者进一步概括和限定了创业心理的特点和边界：首先，心理学研究的分析单元是个体，虽然文化、社会网络等因素都对个体的行为有影响，但是这些并不是心理学所关注的重点。心理学研究关注的是文化、社会网络在个体头脑中的表征。其次，人格视角的假定是，在人的基因组中，有某些特定的基因能够区分创业者与非创业者。但是，创业者与非创业者的区别并不是单纯靠基因就能够解释的。心理学视角下的创业研究应该关注个体对外部环境的感知和解读的过程，即社会认知过程。

相比人格，创业认知研究，一方面，转而聚焦于创业者的思维方式；另一方面，将创业者与创业过程和情景结合起来。在这种呼吁下，一些学者们通过研究创业者的社会资本和人力资本，来寻找创业者的独特之处。此外，受到认知心理学和社会认知发展的影响，有学者认为，对创业者认知和思维特点的剖析能够为他们的行为提供更深层次的解释依据，于是，创业认知的研究登上舞台。随着研究的逐渐开展，学者们欣喜地发现，创业者的思维规律确实有独特之处，而且能够帮助更好地回答创业研究的基本问题。

从具体时间来看，创业认知的研究兴起于20世纪80～90年代，以1976年创业认知学者科米吉斯（Comegys, 1976）于JSBM杂志上发表的《认知失调与创业行为》一文为开篇之作。彼时，尽管有学者开始提出创业认知的重要性，但是并没有引起广泛认同，具体体现在以下两方面：（1）相关成果数量不多；（2）创业认知领域的研究问题和研究对象不明确。受早期创业人格研究的影响，这一时期的创业认知研究仍偏好差异性分析，比如，分析创业者与管理者的认知方式差异，发现创业者更加依赖启发式、更易感于过度乐观等认知偏差（Busenitz and Barney, 1997）。但是，与人格研究不同，创业认知研究注重个体因素与环境的互动，比如，巴隆（1988）在研究中指出，创业环境以不确定性、新奇性、资源约束、时间紧迫为特征，在此类环境中，个体的思维更容易受到认知偏差的影响。再如，帕里奇和巴格比（Palich and Bagby, 1995）认为，创业者的创业意愿基于特定环境下的认知，是个体认知与环境互动的结果。

此后，在巴隆等学者的推动之下，创业认知研究在20世纪末21世纪初迅猛发展。原因之一是，该领域在创业者与非创业者认知差异这一研究问题上积累了大量成果，在研究内容上注重与创业过程的结合，并发现创业者独特的认知对创业意图的形成以及不确定环境下的决策和机会把握都有重要影响（Busenitz and Barney, 1997; Simon et al., 2000; Mitchell et al., 2000）。另外，得益于谢恩和文卡塔拉曼对创业研究的界定，创业认知的研究问题和对象也逐渐明晰。米契尔等人（Mitchell et al., 2002）从创业和认知两个概念出发，认为创业认知应关注创业者如何解读、分析、储存和使用市场环境中创业相关信息，重在研究创业者的知识结构以及信息加工过程对创业机会识别、企业创立和成长过程的影响。总之，创业认知研究一方面借鉴认知心理学的成果探析创业者的信息加工方式和过程；另一方面，创业认知研究者们致力于发现有趣的研究命题，通过回答这些问题努力建立和发展本领域内的理论，巩固本领域的合法性。认知心理学与创业认知研究的差异与相通之处见表2-1。

表 2 - 1	认知心理学与创业认知研究的交融	
认知心理学关注的独特问题	两个领域的交叉和相互贡献	创业认知关注的独特问题
人们如何思考（Barsalou，1992）	对人类认知基础的剖析	
人们获取、转化、使用信息的认知机制是什么（Simon，1979）		
调节定向理论是否能够解释人们的自我控制能力（Higgins，1998）	认知理论的特例，如创业者如何完成多元任务	
反事实思维是否影响人们的决策（Roese，1997）		
创造性认知通常是新异性和熟悉性信息之间的平衡（Ward and Sifonis，1997）	创造性的基础思维过程	为什么有些人选择成为创业者（Simon，Houghton and Aquino，2000）
哪些思维过程导致人们决策的非理性（Pitz and Sachs，1984）（Kahneman and Lovallo，1994）	人类决策的本质和这一领域的问题	为什么有些人能够发现盈利的机会（Gaglio and Katz，2001）
专家表现的思维过程（Hinkin，1995）	创业过程中的专家脚本测量和量表发展；认知差异是否会导致职业选择的差异；对不同决策过程研究的必要性	创业者的思维和决策方式，以及其优势和弊端（Busenitz and Barney，1997；Mitchell et al.，2000，2002；Alvarez and Busenitz，2001）
	警觉、偏差、启发式	创业者的思维过程是否异于其他商人（Busenitz and Barney，1997；Gaglio and Katz，2001；Mitchell et al.，2002；Mitchell，2003）
	测量问题	在非实验室的环境下测量认知概念（Mitchell，1994；Mitchell et al.，2000）

资料来源：Mitchell et al. The Distinctive and Inclusive Domain of Entrepreneurial Cognition Research. Entrepreneurship: Theory and Practice，2004，Vol. 28，Issue 6，pp. 505 - 518.

　　创业认知研究的兴起至今已有30余年，30年的发展取得了显著的研究成果，也识别了一系列独特的认知模式以及行为影响机制（创业认知研究概况如图 2 - 1 所示）。心理学家詹姆士有言，人类可以通过改变认知而改变人生。在创业认知发展的过程中，研究者们试图通过对"创业者如何思考（创业过程中的问题）"这一问题的考察以回答：（1）创业者的思维模式是否异于非创业者；（2）创业者的认知如何形成；（3）创业者的思维方式如何影响他们的决策和行为等问题。与詹姆士的逻辑相似，这些问题的潜在假设正是创业者拥有异于非创业者的独特认知，并且，这样独特的认知可以影响他们的创业行为及其创业结果，从而改变他们的人生乃至为社会积累财富。在接下来的部分，研究者依托于这三个研究问题，对创业认知领域30余年的研究进行了回顾和综述。

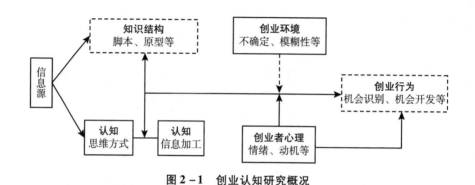

图 2 - 1   创业认知研究概况

资料来源：笔者整理。

2.1.2   创业者的思维方式和信息加工过程

在创业认知的发展过程中，研究者们渐渐达成共识，认为该研究领域解决的主要问题归根结底可以概括为：创业者如何思考？而这一问题的潜在假设是：创业者的思考方式与非创业者不同。那么，创业者与非创业者的思维方式有哪些不同，这一问题需要研究者首要解答。信息加工双系统模型，即基于直觉的启发式系统和基于理性的分析系统（孙彦等，2007）是管理认知和早期创业认知的理论基础。在组织和管理领域，自奥尔波特（Allport，1937）先驱之作以来，学者们进行了多次模型构建与整合工作，提出"整体—分析"模型（Riding and Cheema，1991）、"直觉—分析"模型（Allison and Hayes，1996）与"适应—创新"模型（Kirton，1976），都是基于对人类思维意识具有双元系统的认识。在创业认知领域，研究者基于创业情境以模糊性、动态性、复杂性、不确定性为特征的判断，认为创业者往往持有直觉型认知风格（Peterson and Meckler，2001；Mueller and

Shepherd，2014），会基于自身储备的经验，采用启发推理与类比推理的认知方式（Jones and Casulli，2014）。具体研究内容在思维方式和信息加工过程两个层次展开。

2.1.2.1　思维方式

思维方式是一个人在问题解决和决策过程中所习惯使用的心智能力（Groves et al.，2011），是一贯的信息加工方式所表现出的认知结果。在创业认知领域中，以巴隆（Baron）为代表的学者基于认知理论（如前景理论）探索创业者的思维方式，发现与非创业者相比，创业者表现出如下思维特点。

（1）自我服务偏差（self-serving bias）。创业者在归因时有更强的自我服务偏差（Baron，1998）。所谓自我服务偏差是指人们在寻找事件发生的原因时，将好的结果归于自己，而将不好的结果归于他人的倾向，比如，将成功归因于自己，而将失败归因于他人。创业者表现出更强的自我服务偏差，因为相比其他人，创业者具有更强的控制欲望（Shaver and Scott，1991），并且创业者总是认为他们的能力、努力和投入能够左右事情的发展（Kahneman and Lovallo，1994）。尤其面对创业失败这样的重大消极事件，创业者在归因时会表现出更强的自我服务倾向。

（2）反事实思维（counterfactual thinking）。反事实思维指的是个体对过去已经发生的事件进行重新表征和心理模拟的心理过程（Kahneman and Tversky，1982）。本质上，反事实思维是对发生事件的否定，反之，设想本来可能出现但并没有出现的结果，相当于英文中的 if-only 和 might-have-been 思维活动。巴隆（2000）认为，创业者更少地进行反事实思维，首要原因是创业者更倾向于未来导向，对未来事件的关注度高于过去事件；此外，创业者过度乐观且积极情绪水平较高，更少地因为过去发生的事件而沮丧。但之后也有研究者挑战巴隆的研究，认为创业者与非创业者在反事实思维程度上没有差异，但是内容差别较大，创业者因过去没有发生的事件（错过的商机），产生的后悔情绪更为强烈（Markman，Balkin and Baron，2002）。具体来讲，非创业者因为过去做了的事情而反事实思维，而创业者因为过去错过的事情而反事实思维。

（3）启发式（heuristic）。创业者更多地使用启发式（Busenitz and Barney，1997）。现实中个体决策与理性决策模型所呈现的往往有所偏差，所谓启发式指的就是个体决策时采用的简化模式，即认知捷径。典型的启发式包括代表性偏差（根据他人或事物的少数属性而得出结论的思维方式）、锚定效应（根据第一印象或最初获得的信息作出判断的思维方式）、可得性偏差（根据容易获得的信息作出判断的思维方式）。以可得性偏差为例，受到认知能力和知识水平的限制，人们在决策时往往会仅依据自己熟悉的信息，而忽视其余重要的、需纳入考虑的信息。比如，受到媒体宣扬和榜样示范的影响，人们通常会更容易地获取成功创业者的案例而忽视大量的失败案例，因此，在评估创业成功率时出现偏差。虽然这是普遍存在于人群中的决策偏差，但是在特定的环境下，这种思维方式更容易潜入认知系统。创业环境动态复杂且不确定性高，这种情境加剧个体的信息加工负担，因此，个体会更多地采用简化的思维方式。创业环境恰好呈现出类似的特征，创业者需要在不确定的环境中敏锐捕捉机会、快速决策。创业者对认知捷径更为易感，因此，表现出更多的启发式。

（4）过度乐观和自信（over-optimistic，over-confident）。创业者表现出更强的过度乐观和自信的倾向。过度乐观和自信分别指个体对事件进展（乐观）和自己能力（自信）高于实际水平。许多研究结果表明，创业者在乐观和自信特质上的得分很高（Abdelsamad and Kindling，1978；Fraser and Greene，2006；Lowe and Ziedonis，2006）。比如，研究者发现，不管创业者是否做好创立新企业的准备，他们总是表现出更高的乐观水平（Cooper，Woo and Dunkelberg，1988）。此外，布塞尼茨和巴尼（Busenitz and Barney，1997）的研究发现，与管理者相比，创业者更具有高估成功可能性的倾向。同样，西蒙、霍顿和阿基诺（Simon，Houghton and Aquino，2000）的研究也发现，创业者具有高估自己能力的倾向。由于创业的高度不确定性，只有对未来持乐观态度并坚信自己有能力克服困难的人才会有创业行动，所以创业者的乐观和自信水平普遍偏高（Hmieleski and Baron，2009；Cassar，2010）。

（5）过度坚持（over persisit）。创业者在面对企业内外部的消极信息和反馈时容易过度坚持（如承诺升级；McCarthy，Schoorman and Cooper，1993；Holland and Shepherd，2013）。创业坚持是指在面对反作用力以及其他具有诱惑性的机会时，创业者仍然持续开发某一机会（Holland and Shepherd，2013；Yang et al.，2015）。这一现象包含两个主要元素，其一是创业者坚持开发之前选择的机会，其二是这种坚持面临威胁和阻力。阻力可能来源于当前行动和负反馈以及其他机会的吸引和诱惑（Gimeno et al.，1997）。这一现象由两方面的原因造成，其一，源于创业者的内部创业动机。研究表明，创业行为不仅满足了获取金钱、地位等外在需求，更是创业者追求自由、自我实现的内在生长过程。因此，创业者对自己创建的企业倾注了过多的精力和心血，超越了谋生工具，更将其看作自己培育的一个生命。因此，创业者在创业企业上具有较高的沉没成本，不仅包括投入的时间和金钱，更重要的是投入了情感和心血（Yang et al.，2015）。其二，承诺升级可能源于创业者过度自信，创业者通常会认为自己有能力改变当前逆境，扭转乾坤。

概括起来，这一系列的研究共同显示，基于直觉的启发式系统在创业者的认知过程中起主导作用。换言之，创业者的许多决策并非是深入理性思考的结果，在创业者的日常中，即兴发挥是主要旋律。前景理论将这种思维特点称作认知偏差，即帮助人们决策时减少认知努力的心理机制。认知心理学的研究显示，人们信息处理能力有限，决策过程会出现减少认知努力、使用心理捷径（short-cut）等非理性倾向。尤其是在高不确定性、时间压力的创业情景中，捷径式思维更容易"潜入"认知过程，影响决策和行为。

虽然创业者表现出有偏的思维方式，但是在某些特定情境中，"偏差"可能会带来决策优势。经济学家认为，人脑是一个以利益最大化为目的的机器，决策时会评估和权衡每一个选择的利弊，许多传统的经济学模型就是建立在个体无偏差决策（完全理性）的基础上的（Fudenberg and Tirole，1991）。但是进化心理学的研究表明，正确的信念有时并不能带来最大化的利益，尤其是在充满竞争、不确定性的情况下（Gigerenzer，2002；Nettle，2004；Haselton and Nettle，2006；Cosmides and Tooby，1994）。持这种观点的研究者认为，所谓认知偏差是个体面临复杂动态的环境时形成的适应性决策方式，因为它们更经济、便捷或者快速，所以在某些情境中具有决策优势。约翰逊和福勒（Johnson and Fowler，2011）通过仿真模拟的方法呈现了一个进化模型，该模型显示，当竞争资源带来的利益远大于竞争产生的代价时（环境的收益/成本比高），过度自信是有选择优势的。这能够解释为什么虽然过度自信使人骄傲，能带来市场泡沫、财政崩塌、政治失败和代价昂贵的战争，但是该特质还是在人群里常见。此种观点挑战了"知识偏差"中"偏差"的提法，将之视为用于特定情境的思维方式①。

同样，创业情境中有关认知偏差的研究也较好地印证了以上结论。以过度乐观研究为例，乐观长时间以来被视为一种积极的心理特质，能够提高个体对持久和高强度压力的耐受能力，扩大社会网络的能力，以及增加个体在逆境中的坚持程度。创业领域的研究表明，由于乐观会降低风险感知，增加对成功的不现实预期，所以该特质会提高创业行动意愿。可见，乐观是创业行动的诱发剂。而且，由于创业是一个艰辛曲折的过程，乐观能够帮助创业者更好地应对各种挑战。但同时，乐观的黑暗面也广为研究者关注。比如，过度乐观会产生对成功不切实际的预期，进而导致创业者承诺升级。此外，还有研究表明，乐观会导致决策偏差，负向影响新企业绩效。

2.1.2.2 信息加工过程

思维方式是思维的表现形成，是对认知现象层面的探讨，若要打开行为的认知黑箱，不仅要明晰创业者表现出什么样的思维方式，亦要解决思维方式背后的认知机理，即创业者如何加工信息。信息加工研究重点在于人脑的内部信息加工过程，将心理活动看作一种主动搜寻信息，并对信息进行组合、利用和赋意的过程（Corner, Kinicki and Keats, 1994；Fiske and Taylor, 1991；Wyer and Srull, 1989），分为信息搜集和解读、编码两个阶段（Simon and Houghton, 2002）。

创业者的信息搜索方式包括警觉式（Kaish and Gilad, 1991；Cooper et al., 1995；Tang et al., 2012）、系统式（Fiet, 1996, 2002, 2008；Fiet and Patel, 2008；Patel and Fiet, 2009）、验证式（Shepherd et al., 2012）等。其中，警觉式和验证式属于自动化的搜索模式，由启发式系统主导。个体搜集到与其知识和经验一致的信息时，就会停止搜索。这类搜索模式可以极大地节省认知资源、提高搜索效率，但是缺点在于搜集信息不完整。系统式搜索属于控制型搜索，由分析系统主导，指对自己所掌握的信息进

---

① 思维方式这一概念是中性的，可以划分种类，但无好坏之分。

行全面扫描，这种方式需要更多的认知资源。除了类型划分，还有的研究者认为，创业者的信息搜索方式可以用几个维度刻画，比如，西蒙和霍顿（2002）将其分为三个维度：（1）主动的、被动的；（2）个人化、非个人化；（3）外部的、内部的。

信息加工的过程还需要将搜集的信息进行编码、解读和赋意，转化为外显的行为效果。而编码和赋意的认知基础是先前知识。比如，许多研究者认为，个体对创业机会的敏感性受到知识结构的影响（Shane，2000；Miller，Fern and Cardinal，2007；Shepherd and DeTienne，2005）。知识结构意指个体从先前工作、教育以及其他途径获得的知识和经验，基于个体以往所有的生活经历而形成，是认知加工的基础（Shane，2000）。不同的人生经历赋予了个体不同的知识储备，从而形成独特的知识走廊，导致创业者对信息的理解、推测、解读和应用能力的差异。所以，在具体的市场情境中，只有特定地了解顾客问题、市场需求的人才能够识别创业机会（Venkataraman，1997）。谢恩（2000）认为，关于市场、服务市场方式、顾客需要和问题的知识对机会识别的作用尤其重要，分别影响创业者决定进入哪个市场领域、如何使用新科技去服务市场、选择开发的产品和服务类型的过程。

创业专家脚本理论（Mitchell，1994；Mitchell，Smith，Seawright and Morse，2000）则综合考虑了影响创业过程的多种知识。专家脚本是由高度发展的、有序的领域特异性知识构成（Glaser，1984；Read，1987），具有专家脚本的个体在任务上的表现优于非专家（Ericsson，Krampe and Tesch-Romer，1993；Lord and Maher，1990）。莱多和阿贝尔森（Leddo and Abelson，1986）认为，专家脚本包括三类认知构念：（1）安排脚本：指行动工具、材料的可获得性；（2）意愿脚本：指个体的行为动机强度；（3）能力脚本：指个体的行为能力。米契尔等人（1994，2000）借鉴莱多等的专家脚本理论，在创业情境下对安排、意愿、能力脚本进行诠释。其中，创业安排指个体具有创业所需的关系、资源和资产，而安排脚本是个体如何使用进行创业安排以获得专家表现的知识结构；创业意愿指个体对创业活动的接受程度，意愿脚本是有关创业承诺的知识结构；创业能力脚本是创业所需的技巧、知识、规则和态度的脚本（Bull and Willard，1993；Herron，1990）。研究者认为，展现出三种创业专家脚本的个体有更高的创业可能性

（Mitchell et al. ，2000）。此外，研究者还发现了制度环境与专家脚本的关系，比如，法律给予创业的自由与创业的安排与意愿脚本正相关，国家的整体受教育水平与意愿和能力脚本正相关，进而研究者认为，国家的制度环境能够通过影响创业者的专家脚本进而提高其创业意愿（Lim et al. ，2010）。

不管是谢恩提出的先前知识还是创业专家脚本理论都是从知识静态存量的角度来考察其对创业过程的影响。但是知识结构不仅指其静态存量，还包括组织方式。对知识的组织方式的探讨能够帮助我们进一步回答知识结构如何影响创业过程。认知心理学研究表明，知识丰富的个体能够对感知到的信息以更复杂的方式编码（Chi et al. ，1981；Dunbar，1993）。瓦黎葛（Valliere，2013）的研究侧重于对知识调动方式的描述：由于知识结构的差异，不同的人面对相同的信息可能有迥异的解读；警觉性高的创业者不仅有丰富的价值创新知识，而且这些知识与环境中刺激的联结更加紧密，这意味着外部信息很容易能激活创业者价值创新图式，相关知识能够以较低的阈限被提取。这些特征使创业者能够习惯性地以价值创新的视角审视所获取的信息，进而从中发现创业机会。因此，知识的不同可以表现在以下几个方面。

第一，丰富性不同。（1）知识结构的精细或完整程度不同。比如，有人只有一个抽象的、普适的图式，而另外一个人有两个可以根据不同情境而激活的图式。（2）知识内容的丰富性。有的人知识结构简单，仅包含一些简单的内容、关系，有的人的知识结构中有更丰富和复杂的内容。

第二，联结不同。知识结构的不同还表现在知识与环境中刺激的联结上。同样的刺激，不同人可能被激活不同的图式，进而导致不同人对相同的信息有完全不同的解读。

第三，知识启动难易。不同知识被启动的难易程度不同。只有刺激的强度超过了一定的阈限值，相应的知识才能够被回忆和启动。两个加强启动的方式包括更强的刺激和更低的提取阈限。创业者难以操纵环境，所以后者更为可行。如果某些知识在头脑中是凸显的，即使环境中的刺激强度微弱，也能够被激活。一锤在手，满眼皆钉。

2.1.3　创业者认知的影响因素

2.1.3.1　情境因素

影响创业者认知的因素可以分为两类，其中重要的一点是情境因素。在不确定性高的创业情境中，知识不能直接应用于解决当下问题，导致信息加工负担（Fiske and Taylor，1991；Chandler，Honig and Wiklund，2005），创业者更有可能采用节省认知资源的自动化信息加工模式，寻找信息加工捷径（Baron，1998）。认知还与创业者在同一时间内的任务量有关（Gilbert et al.，1992）。人的认知能力有限，在任务量多于信息处理能力时，会发生认知过载，更容易发生自动化的信息加工模式，表现出启发式等认知偏差。此外，情境不仅包括企业所处的大商业环境，也可以是企业本身造就的小情境，比如，西蒙和霍顿（2002）的研究表明，规模小、年龄短的先锋行业更容易受到控制幻觉、小数偏差、相似性推理等认知偏差的影响。

此外，情境还会影响创业者认知的效果。创业认知研究以社会认知理论为基础，社会认知理论认为，个体心理行为和环境之间存在着复杂的交互作用，行为和行为效果是个体心理和环境综合作用的结果。该理论综合了心理学的认知和行为视角，为理解个体行为的起因和作用效果提供了全面而有意义的框架。在创业领域，越来越多的研究者基于社会认知理论探讨创业者的心理因素如何通过行为和环境互动，对创业活动和企业绩效产生影响。其中，经典的研究之一，两位著名的创业认知学者赫米列斯基（Hmieleski）和巴隆于 2009 年在 AMJ 上发表的研究指出，创业者的过度乐观本身会对新企业绩效有负性影响，而高动态性的环境会加剧负性影响效果，因为高动态性的环境增加创业者的信息加工负担。再如，赫米列斯基和巴隆（2008）研究了调节定向和企业绩效的关系，两位研究者发现，在动态性高的环境中，促进定向有利于新企业绩效，而预防定向对绩效有负面影响；而在稳定的工业环境中，两种定向与绩效的关系不显著。这一系列的研究表明，不同的认知和心理特性都具有两面性，在不同的环境中显现出不同的作用效果。环境起自然选择的作用，稳定的商业环境会弱化个体的特质对行为效果的影响，而动荡的环境会选择那些具有高度冒险性和先动性的个体。什么样的时势造就什么样的英雄是值得继续探索的问题。

2.1.3.2　心理因素

创业者的心理特征也会影响认知过程。

首先，情绪影响认知。认知心理学的研究表明，情绪会对信息存储、加工、提取的过程产生强烈影响（Isen，2002），进而影响决策（Isen，1993）、评估和判断（Cropanzano and Wright，1999）、工作满意度（Weiss，2002）以及许多认知性工作的绩效（Staw and Barsade，1993）。情绪主要通过三种途径影响认知：其一，情绪通过对外部世界的感知，相比消极情绪，在积极情绪状态下，个体会对外界的人和事作出更正面的评价（Bower，1991）。比如，恰逢心情好的面试官，面试者的得分会更高。此外，积极情绪还能够增加个体的认知广度（Schiffman，2005），并对外部信息更加敏感（Isen，2002）。其二，情绪影响创造力，研究表明，体验积极情绪的个体表现出更强的创造力（Isen，2000）。其三，情绪影响认知方式，在积极情绪状态下，个体更倾向于使用启发式的决策方式（Mackie and Worth，1989）。

鉴于情绪对个体基本认知的影响，不同情绪水平自然会影响创业者的认知和创业行为。比如，在积极情绪下促使创业者使用多元化的信息搜索渠道并将信息以更具创造力的方式联结，进而能够影响创业者的机会识别能力（Baron，2008）。情绪还可以作为一种信号。根据情感信息理论，积极情绪是一种安全的信号，代表事情进展顺利；而消极情绪是一种危险的信号。情绪所传递的信号能够影响机会评估，比如，恐惧会降低对机会吸引力的评估，高兴会增加对机会吸引力的评估（Welpe et al.，2012）。

其次，动机影响认知。动机是引导和维持行动的心理过程，为行为提供能量（Latham and Pinder，2005）。由于动机解释了行为背后的原因，所以被看作行为研究的重要抓手（Mitchell and Daniels，2003）。动机不仅可以影响行为，不同动机主导下的个体也会表现出不同的认知。根据调节定向理论，个体动机由两个调控系统主导。传统的享乐主义认为，人们的行为是为了追求快乐和逃避痛苦；而调节定向理论认为，人们追求快乐和逃避痛苦是通过两个不同的自我调控系统发生的，其一是促进定向，其二是预防定向。当个体动机促进定向主导时，其生长需要被激发，它们尽力与理想自我一致，这时人们关注的是潜在的利益。预防定向下的个体，安全需要主导，主要任务是避免可能的失去。不同的定向对创业者的认知有不同的影响，比如，在满足成长需求促进定向动机的主导下，创业者更追求信息加工的速度，对收益信息更加敏感；而在满足安全需求的预防动机的主导下，创业者更追求信息加工的准确性，对损失信息更加敏感（Baron，2004；Förster，Higgins and Bianco，2003）。因此，不同动机导向也会影响机会识别等关键创业活动（Brockner，Higgins and Low，2004）。

再次，元认知影响信息加工。元认知是一种高级的认知过程，能够整合个体知识，识别自己、任务、情境和环境以便促进动态、复杂的环境中认知的有效性和适应性（Brown，1987；Flavell，1979，1987）。元认知的过程不仅包括自我调控过程，还包括对环境变化的感知和监控以及生成新的认知策略的过程（Flavell，1987；Nelson，1996）。研究表明，元认知水平高的个体可以：（1）更敏锐地意识到作出回应的不同策略；（2）对各种策略有更多的意识加工；（3）对环境中的反馈更敏感，以整合到接下来的决策框架中（Melot，1998；Schraw and Dennison，1994）。创业研究表明，元认知能力强的创业者能够及时根据环境中的反馈调整信息加工过程和策略（Haynie and Shepherd，2009；Haynie et al.，2012），增加信息加工过程的灵活性和适应性。

最后，平衡能力影响对认知风格的选择。虽然早期研究表明，情境的不确定性导致创业者更多地使用基于直觉的启发式认知系统，但是近期研究表明，创业者尤其是成功的创业者往往更善于在直觉与分析风格之间形成平衡，也即能更好地决定何时及多大程度上使用直觉（Blume and Covin，2011；Groves et al.，2011）。

2.1.4　创业者认知对行为的影响

创业认知领域为理解创业行为提供了新工具，以往矛盾的现象在认知视角下得到新的解释。比如，撰写商业计划书行为。仅从行为视角出发，商业计划书利弊兼具，一方面，可以提高效率、促进学习（Castrogiovanni，1996）；另一方面，降低了不确定情境中的行动灵活性（Gruber，2007）。

而认知视角为此提供新见解：商业计划书确实具有行为指引作用，但只有在创业过程中，随着新知识增加，对其进行补充和修订，才能发挥更好的效果（Sarasvathy，2003）。再如，对资金的利用。创业是发生在高度资源约束的情况下，资源不足，尤其资金不足是很多人对失败的归因（Naude et al.，2008）。但研究同样发现，面对相同的约束，认知策略不同带来不同的效果。比如，在资源约束的情境中，步步为营策略与企业绩效呈现倒"U"型关系，若同时辅以战略联盟策略，步步为营的积极影响可以得到强化，而消极影响得以缓和（Patel et al.，2011）。另有研究表明，与专家创业者心智模式相似的新生创业者，资本约束并不限制他们的创业行为（Bischoff et al.，2013）。

除了对以往研究的整合，创业认知还关注对创业意愿、机会的识别等行为的影响。概括起来，可以得到以下主题。

（1）创业意愿主题。思维方式会影响创业行动意愿，倾向于从"可承受损失"的角度去看待风险和不确定性的人更有可能创业（Dew et al.，2009）；类似的研究表明，创业者会把风险看成机会（Palich and Bagby，1995）；对自我能力（Townsend，Busenitz and Arthurs，2010）和环境不确定性（McKelvie，Haynie and Gustavsson，2011）的感知影响创业行动意愿。

（2）机会主题。信息搜索方式能够影响识别机会的数量。研究表明，使用系统搜索决策方式的个体，不管是对所掌握信息的主动扫描和搜索，还是对社会网络所带来信息资源的间接利用，都与机会发现的数量呈正相关（Fiet，2008；Fiet et al.，2004；Fiet and Patel，2008）。信息加工方式还会影响识别什么样的机会，具有相关知识或机会原型的创业者能够对信息进行更深层次的加工，将之以更复杂的方式编码和表征，识别技术信息（手段）和市场需要（目的）之间的结构相似之处（Gregoire and Shepherd，2012；Mueller and Shepherd，2014）。

（3）绩效主题。认知直接导致的结果是行为，不同行为组合才会对绩效有所影响。所以认知与绩效之间的逻辑链条相对较远，尽管绩效研究非常关键，认知和绩效的研究却并非主流。已有研究表明，创业者的乐观水平（Hmieleski and Baron，2009）、自我效能感（Hmieleski and Baron，2008）、认知训练（Baron and Henry，2010）都会影响绩效，但是相同认知对绩效的影响也随环境而变化（Hmieleski and Baron，2009）。

（4）商业模式设计和创业失败主题。这两个主题的研究尚不多见，但是数量上呈现上升趋势（杨俊等，2015）。其中，已有研究发现，商业模式是一种思维设计的结果，其创新性（Martins et al.，2015）和营利性（Malmstrom et al.，2014）都与创业者的认知高度相关。而认知与创业失败的研究多集中在创业者在经历失败后如何调控情绪（Shepherd，2003）、从失败中学习（Shepherd et al.，2009）以及再次创业意向（Yamakawa et al.，2015）等。

2.1.5　中国情境下的创业认知研究

由于创业认知研究的重要性，我国学者逐渐关注并积极探索这一领域的理论问题。文献回顾可以发现，已有文献开始系统梳理创业认知领域的研究现状，并着力探索如何开展中国情境下的创业认知研究（杨俊等，2015；陈昀、贺远琼，2012；刘依冉、杨俊、郝喜玲，2015；李海垒和张文新，2014）。尽管如此，中国情境下的创业认知研究仍然较西方落后，表现为研究数量相对较少和研究问题尚不深入。

已有研究主要关注两大主题。第一个主题是机会识别，比如，唐靖等基于社会认知理论的逻辑，分析了风险、模糊和不确定情境中，创业者机会识别的不同认知逻辑。任旭林和王重鸣（2007）的研究发现，相比管理者，创业者在机会评估过程中更多地使用了认知偏差。第二个主题是创业意向的形成机制，比如，丁明磊（2008）在其博士论文中详细探讨了创业自我效能感与创业意向的关系；李敏和董正英（2014）检验了认知偏差如何通过影响风险感知而引起创业意向的差异。还有大量研究探讨大学生的创业意愿来源（叶映华，2009；乐国安等，2012），以期有针对性地培育和激发创业实践。此外，还有少量研究关注创业者的独特认知（赵文红和孙卫，2012）、创业团队认知（买忆媛和熊婵，2012）、认知监控（张玉利等，2016）、认知的形成机制（周小虎等，2014；周小虎等，2015）、认知视角下的失败学习（郝喜玲和张玉利，2015）等议题。总体来讲，国内创业认知研究在数量呈递增趋势，但是研究内容却较为碎片化。

2.2 机会识别研究概述

创业是对机会的开发和商业化，所以机会是创业研究中的重要领域。所谓机会，是指个体构建新的目的—手段以重新整合资源，并认为新的组合能够带来利润（Shane，2003）。创业机会情境与其他情境不同之处在于建构了新的目的—手段组合，而非在已有目的—手段关系框架下将利润最大化。机会对创业过程甚至结果有至关重要的影响，所以，创业者如何识别机会、识别什么样的机会等是创业研究中的核心话题（Shane and Venkataraman，2000）。接下来，本节将从机会研究概述、影响机会识别的行为因素、机会识别的认知过程和本质三部分来回顾这一领域的研究。

2.2.1 机会研究概述

机会识别是创业活动发生的伊始和必要条件，所以创业机会是创业研究中的重要议题。创业机会研究首先需要解答机会的性质和来源这一根本问题。学术界关于机会的来源始终存在两种争论，即柯兹纳主义（Kirznerian）和熊彼特主义（Schumpeterian）。两者的不同本质，在于对创业机会是否包含新信息的引入的争论（Kirzner，1973；Schumpeter，1934）。柯兹纳（Kirzner，1973，1985，1997）认为，创业机会并不需要包含新信息创造，而只是以新视角解读已有信息。人们总是会通过自己所拥有的信息来理解资源如何利用，但是信息不对称和决策偏误会产生供求不平衡。人们可以通过资源重组来解决供求失衡，创业者即是通过发现供求失衡、重组资源以达到供求平衡，并从中获取利润（Shane and Venkataraman，2000）。柯兹纳主义下的机会识别是对现有供求关系的优化。相对地，熊彼特主义认为，创业机会离不开新信息的引入，而新信息源自科技、政治、社会因素的变迁（Schumpeter，1934）。各种变化会产生海量新信息，创业者以此甄别如何重组资源以发挥其更大价值。打破先前供求平衡的资源分配状态可以降低生产成本，创业者从中获取利益。熊彼特主义下的机会识别是对供求关系的破坏和重建。

科兹纳主义和熊彼特主义也是机会发现观和创造观的理论源头。柯兹纳主义下的机会发现观认为，机会是外生于创业者的，存在于客观世界中，等待创业者的发现，并且只有高度警觉的创业者才能够发现机会（Kirzner，1973）。机会创造观认为，机会是内生的，源于个体的意会。创业者根据自己的认知资源和知识创造机会，通过行动和反应建构机会（Alvarez and Barney，2005）。根据创造观的观点，创业者是事前无知的，即当创业者开始行动时，他们并不知道是否能够成功开发机会（Alvarez and Barney，2007；McMullen and Shepherd，2006），创造观下的机会开发过程的本质是迭代和试验（Barreto，2012）。

虽然熊彼特主义的机会创造观对理论和实践都有非常深远的影响和启示，但仍然存在局限。假若所有的创业都包括新信息的引入，那么又如何解释同一科技研发后，应用于不同市场的现象？反观现实创业，显然并不仅仅包括新产品和新服务的创造；相反，将已有产品或服务应用到其他市场，解决之前未被关注的问题也是一种重要的价值创造。比如，当今流行的人工智能（artificial intelligence），本质上是通过机器学习对人的智能进行模拟和延伸，但是这一技术被广泛应用于刑侦（利用人脸识别、指纹识别等技术）、医疗（利用深度学习）等领域，并产生巨大影响。所以，尽管熊彼特主义对颠覆性创新和创业有很强的解释力，但是倘若仅仅把创业活动局限于此，不仅降低了创业活动的外延，更与现实创业活动有很大脱节。

鉴于此，研究者开始将机会看作能够创造价值的目的—手段组合，所谓"目的"是指未被满足的市场需求，而"手段"则指的是能够满足市场需求的产品或服务（Eckhardt and Shane，2003）。如此，不仅机会定义的可操作性更为明确，也为研究机会属性提供了框架。比如，萨阿斯娃斯（Sarasvathy）等人依据这一框架，按照目的—手段两方的明确程度，将机会分为三种类别，即创新型机会（目的和手段都不明确）、改良型机会（目的和手段中一方明确）以及复制型机会（目的和手段都明确）。

2.2.2　影响机会识别的行为因素

虽然研究者在机会来源问题上争论不休，但在多数研究中，机会总是从经济结果层面被定义为：为市场引入新的产品、服务、原料、生产方式，并为利益相关者带来经济收益（Baron，2007）。如前面定义，机会是目的—手段的组合，机会识别即向市场引入新的目的—手段的结合（Casson，1982）。所以，在很大程度上，机会识别是认知性的；进而，为什么有人能够识别机会而有人不能，便成为创业研究领域广为探讨的问题之一。研究者发现，机会识别受到许多心理因素和非心理因素的影响，概括起来，有人能够发现机会而有人不能发现机会的原因主要有两个（Shane，2003）：一是为他们拥有别人不可获得的信息；二是为面对同样的信息，他们有更强的信息加工能力。

2.2.2.1　信息

（1）生活经历（life experience）影响机会识别。有些人能够发现机会的原因在于他们拥有别人所缺乏的信息（Hayek，1945；Kirzner，1973）。信息可以专指科技发展、政策变化等变革性信息，但也不尽然，独特的生活经历亦可使创业者发现别人不曾发现的机会。研究表明，两种经历可能会影响机会识别。其一为工作类型。比如，相比历史学家，化学家或物理学家更有可能创办一家科技企业（Freeman，1982）。有的研究者认为，在所有的职业类型中，最有利于机会识别的当属与研发相关的工作（Klepper and Sleeper，2001）。因为研发总是会创造新知识，引领科技变化，这些亦是创业机会的主要来源（Aldrich，1999）。罗伯特（Roberts，1991）的研究发现，与没有创业的科学家相比，从事创业活动的科学家的专利数量是前者的32倍。这些研究表明，与新异知识的互动是机会识别的助力。此外，营销工作也为机会识别提供了便利，因为营销员总是率先了解市场需求（Johnson，1986）。其二为经历多样化。机会识别是寻找目的—手段组合以重组资源。经历多样性能够增加个体的信息暴露广度（Casson，1995），进而增加资源重组灵活度。亦有观点认为，创业者通过参与市场活动学习机会识别技巧，对多个市场的接触能够增加机会识别的概率（Casson，1992）。

（2）信息搜索（information search）影响识别机会。机会识别依赖对信息的搜集，因为与随机行为相比，主动或刻意地搜索更能够发现有价值的信息。亦有实证研究表明，对机会的主动搜索与机会识别的可能性正相关（Gilad et al.，1989；Hills and Shrader，1998）。此外，信息搜索方式也会影响机会识别。在更深入的层面上，研究者将机会发现方式分为系统搜索式（systematic search）和偶然发现式（serendipitous discovery）。其中，系统搜索式是指通过有意识地信息检索发现创业机会的方式。研究表明，使用系统搜索信息加工方式的创业者，不管是对所掌握信息的主动扫描和搜索，还是对社会网络所带来信息资源的间接利用，都能显著提高机会识别的数量（Fiet，2008；Fiet and Patel，2008）。

（3）社会联结（socail ties）影响机会识别。个体获取信息的重要途径是通过与他人互动。所以，机会识别信息的重要来源之一是创业者的社会网络。个体的社会网络结构会影响接收信息的种类、数量和质量。创业者的社会网络对机会识别有非常重要的影响。特别地，社会联结多样性能够显著丰富信息来源（Aldrich and Zimmer，1986）。如企业选址、潜在市场、资本来源、雇员、组织方式等对机会识别具有重要影响的信息皆可来自人与人的互动。因此，社会联结多样性有利于机会识别（Johansson，2000）。另外，同质性的网络会带来信息冗余，而社会联结多样性能够大大减少信息重复和冗余，增加信息利用效率（Aldrich，1999）。许多实证研究也为社会联结促进机会识别这一论断提供了证据（Zimmer and Aldrich，1987；Singh et al.，1999）。比如，齐默和奥尔德里奇（Zimmer and Aldrich，1987）的研究发现，大多数创业者通过社会网络渠道搜集有关创业机会的信息。另有研究表明，社会联结多样性高的创业者更有可能识别机会（Singh et al.，1999；Kaish and Gilad，1991）。此外，强联结亦有利于机会识别，本塞尼茨（Bunsenizt，1996）比较大企业中的创业者和管理者发现，相比管理者，创业者更倾向于从他们熟识和信任的人处获取信息。张玉利等（2008）则综合考虑了社会网络的各个维度，研究了社会网络和机会创新性的关系，其研究发现，社交面广、交往对象多样化、与高社会地位个体之间的关系密切的创业者更容易发现创新性强的机会。

2.2.2.2 机会识别能力

信息获取渠道和数量能够影响机会识别，但是，面对相同的信息，同样有人能够发现机会而另外一些人不能。这之间的差异来源于机会识别能力。其中，先前知识和认知因素（智力、创造力等）是影响机会识别的两大因素。

（1）先前知识。先前知识影响机会识别。一万个读者眼中有一万个哈姆雷特，不同的人对相同的信息有不同的解读（其中，有人能够发现机会），其差异来源于每个人由其特定的人生领域所赋予的特定知识以及相关的知识结构（Chase and Simon，1973；Walsh，1995）。专家和新手的区别在于他们对问题的表征不同，因而，专家可以形成更为优化的问题解决方式（Glaser and Chi，1988）。先前知识是信息加工的认知基础，知识储备在一定程度上决定了对新信息的获取和吸收能力。其原因有二：其一，既有知识储备为新信息加工提供了基础和框架，进而能够促进新信息以更有效和有利的方式进行分类（Yu，2001）；其二，专家信息加工理论表明，随着在某一领域经验的增长，人脑中会形成精细而复杂的图式，即先前知识可以将信息进行深入复杂的编码，发现事物之间的深层次联系（Gobbo and Chi，1986；Frederick and Libby，1986），这种深入而丰富的信息编码方式对机会识别至关重要。

知识对机会识别的促进作用已积累了丰富的证据。研究表明，关于市场需求、科技难题或顾客痛点的知识储备都有助于发现解决方案（Venkataraman，1997）。此后，在2000年，谢恩通过对8名创业者的深度访谈，发现关于市场、服务市场方式、顾客需要和问题的知识对机会识别的作用尤其重要，分别影响创业者决定进入哪个市场领域、如何使用新科技服务市场、选择开发的产品和服务类型的过程（Shane，2000）。研究者认为，每个人在各自先前经历基础上形成独特知识走廊可以解释为何某个机会能被特定的个体识别而不是其他人。类似地，格鲁伯等（Gruber et al.，2008）的研究表明，知识能够帮助创业者在创业行动之前，在所识别到的机会集合中进行选择。知识还能够提高机会识别的质量。格雷瓜尔和谢泼德（Gregoire and Shepherd，2012）通过实证研究发现，先前知识丰富的创业者对技术信息与市场需要信息之间的逻辑相似之处有更多的表征，而不是仅仅关注两种信息中表面相似的元素。

此外，知识不仅有助于识别特定机会，对一般意义上的机会识别也有所裨益。比如，菲特（Fiet，2002）认为，先前知识是决定创意新异性的重要因素之一。谢泼德和戴蒂安（Shepherd and DeTienne，2005）的研究表明，知识能够影响识别到的机会的数量和创新性。类似地，季莫夫（Dimov，2007）的研究亦表明，先前知识可以对机会识别和创业行动产生积极影响。中国情境下的研究也验证了先前知识对机会识别的促进作用（王沛和陆琴，2015）。

（2）认知。机会识别包含了发现新的目的—手段组合的认知过程，所以，对接收信息的解读和组合也会影响机会识别。比如，加格里奥和卡茨（Gaglio and Katz，2001）认为，有些人更擅长理解事物之间的因果关系，将信息进行归类，理解事物的运作过程，这些都是有利于机会识别的认知因素。此外，萨阿斯娃斯等（1998）认为，有些人之所以能够发现机会，是因为他们会以不同的视角看待信息，别人认知到的风险则是他们眼中的机会。沙克尔（Shackle，1982）还认为，想象力是影响机会识别的重要因素。接下来，将综述一下认知因素在机会识别过程中的作用：智力、创造力、风险评估性和警觉。

智力。奈特（Knight，1921）最早提出，智力是决定机会识别的重要因素。机会识别是信息收集和加工的过程，所以一般智力会提高机会识别能力（Herbert and Link，1988）。亦有实证研究支持这一结论。德威特和范文登（De Wit and Van Winden，1989）通过分析来自荷兰的纵向数据表明，12 岁的智力测验成绩与随后的自我雇用意向正相关。此外，智力能够提高机会识别能力，那么，智商越高，能够识别的机会越多，高价值潜力的机会所占比例的可能性就越大。进而，有研究者发现，智力水平与高价值机会识别亦存在显著正相关关系（Van Praag and Cramer，2001）。

创造力。如前面所述，机会识别是发现新的目的—手段组合的认知过程，在这一过程中，创造力和想象力至关重要（Shane and Venkataraman，2000；Harper，1996）。有关创造力和机会识别的实证研究十分丰富。比如，弗拉博尼和索尔斯通（Fraboni and Saltstone，1990）比较了 81 名创业者和 32 名家族企业继承人，发现创业者在创造力测验的得分显著高于家族继承人。此外，创造力与未来创业意向亦存在显著正相关，研究者发现，相比其他专业，创业管理专业的学生更具创新力（Sexton and Bowman，1984）。乌特希和劳赫（Utsch and Rauch，2000）发现，创造力水平不仅与机会识别数量有关，也与识别机会的质量有关。这一系列的研究与具有创造力增强创新水平的结论相一致（Vesalainen and Pihkala，1999）。

风险评估性。创业机会的新异性意味着其中蕴含风险和不确定性。许多研究者认为，创业者的重要特质在于他们能将许多人眼中的风险判定为机会。凯什和吉拉德（Kaish and Gilad，1991）通过比较51名创业者和36名管理者发现，管理者更多地关注风险信息，同时更少地关注盈利信息。此外，在风险面前，管理者通常望而却步，相反，创业者更多地会选择勇往直前（Sarasvathy et al.，1998）。而造成这种差异的原因可能是相比管理者，在创业者的决策过程中存在更多的认知偏差（任旭林和王重鸣，2007）。

警觉。创业警觉指不经刻意搜寻而注意到长时间以来被忽视的机会的能力，具有创业警觉的个体对变革、机会、潜在可能性更加敏感，进而有助于机会识别（Kirzner，1973，1979）。瓦黎葛（2013）以图式理论为基础，考察警觉的认知机制，认为警觉并非是少数人所具有的品质，而是一种对商业环境进行解释和意义赋予的独特认知框架（即图式）。图式的丰富性、联结方式以及图式启动难易程度的差异可以解释为什么有人能够识别机会而有人不能。

2.2.3 机会识别的认知过程和本质

以上研究可以帮助理解为什么有人能够识别机会而另外一些人不能，但是由于这些研究大多采用事后视角，我们仍然不知在机会识别的过程中，创业者的头脑中究竟发生了哪些认知活动。在这种需求的驱动下，研究者开始探讨机会识别的认知本质。以巴隆和格雷瓜尔团队的研究最有代表性。

2.2.3.1 机会识别是模式识别的过程

巴隆（2006）将机会识别的本质看作模式识别。所谓模式识别（pattern recognition），是指个体将感觉到的信息与长时记忆中储存的信息进行比较，寻找最佳匹配的过程（Matlin，2002），当个体能够确认他所感知的模式是什么，并将其与其他模式区分开，就是模式识别。将模式识别理论应用到机会识别中的潜在逻辑是：虽然机会的表现形式各异，但是机会识别过程有相似的认知机理，都是在一个复杂的刺激集合中识别出某个或某些刺激组合，通过与长时记忆中储存的机会模式进行匹配，判断这些刺激信息是否构成机会的过程。此外，巴隆认为，创业者长时记忆中的机会模式是以特征模型（feature models）或是原型模型（prototype models）的形式存在。如果创业者认为，机会的典型特征包括新颖（newness）、实际（practi-cality）、新异（novelty or uniqueness）等，那么在机会识别的过程中，就会将新信息（或信息组合）与这些机会特征进行比较，并判断是否匹配。这两种不同的机会识别形式构成机会识别的特征分析说和原型说。具体观点如下。

（1）特征分析说：模式可以被分解为特征，个体通过提取刺激的典型特征，与记忆中的刺激特征比较，判断是否是机会。那么，机会的典型特征是什么？首先是新异性；其次是实际可行性；最后是独特性。这种机会识别模式适用于简单的机会。

（2）原型说。原型是一类客体的内部表征，即一个类别或范畴的所有个体的概括表征。创业者将有关新产品或服务的观点与头脑中有关机会的原型进行比较。机会的原型有许多属性，比如，新、实际、新异、投资者的接受性、潜在竞争的激烈程度等。机会识别的过程就是将新观点与图式中的机会原型相比较、匹配的过程。

2.2.3.2　机会识别是结构映射的过程

依托于巴隆的一系列研究和结构映射理论（structure alignment），格雷瓜尔等人通过口头报告、情境实验等方法对机会识别的认知机制进行了更深入的研究（Gregoire，Barr and Shepherd，2010；Gregoire and Shepherd，2012）。格雷瓜尔团队创造性地将结构映射理论应用到机会识别领域中，认为机会识别的认知本质是寻找技术和市场之间的联结。在联结的过程中，创业者会使用两种线索，即技术和市场的结构线索和表面线索。其中，结构线索是机会识别质量和有效性的关键因素。这一研究团队在更精细的层面上探讨了机会识别的认知机制，在一定程度上将机会识别的过程清晰还原为人类的基本认知过程，为进一步研究为什么有的创业者在机会识别任务上有更好的表现这一问题提供了基础和抓手。其具体研究成果将在后面详述。

2.2.3.3　机会识别：信号探测理论和调节聚焦理论的启示

前面所提到关于识别过程的两个理论，但是在这之前还有一个更基本的问题：是否存在要被识别的机会。这是发生在评价和判断前端的认知活动，受到感知水平的影响。机会识别的信息加工过程如图2-2所示。而人的感知过程不仅涉及感受性，还涉及判断标准。当个体持宽松的判断标准时，会将感知到的微弱信号判断为机会；而个体的判断标准严苛时，仅仅将强烈的信号判断为机会。信号检测论对这一现象有较强的解释力，其优点是将感受性与判断标准区分开。信息检测论认为，个体对不确定环境中是否存在刺激有四种反应：击中（环境中存在信号，同时判断有信号）、漏报（环境中存在信号，但是判断没有信号）、虚报（环境中没有信号，判断有信号）和正确拒绝（环境中没有信号，判断没有信号），如表2-2所示。此外，影响决策结果的因素包括三类：一是刺激因素，比如，刺激的强弱程度；二是决策者因素，比如，疲劳、动机等；三是标准，比如，虚报和漏报带来的损失程度的权衡。

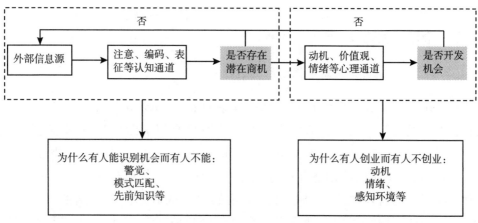

图2-2　机会识别的信息加工过程

资料来源：笔者整理。

表2-2　　　　　　　　　信号检测论中观察者的四种反应

刺激	反应	
	有信号	无信号
有信号	击中（hit）	漏报（miss）
无信号	虚报（false alarm）	正确拒绝（correct rejection）

资料来源：笔者整理。

信号探测理论与调节定向理论结合来解释机会识别更为有趣。调节定向理论（Higgins，1998）认为，人们的行为动机分为两类：一类是促进定向，以追求收益的需求主导，行为目的是达到想要的结果；另一类是预防定向，由避免损失的需求驱动，行为目的是避免不想要的结果。不同的动机导向会在机会识别任务上有不同的表现，趋利型动机主导的个体会将主要精力放在追求利益最大化上，在机会识别任务上的多集中于击中，避免漏报。而由于避害型调节定向个体的主要力争避免错误，因此，该动机导向在机会识别任务上多追求正确拒绝，避免虚报。

因此，趋利取向的个体更倾向于搜寻机会，在潜在的机会面前有更多的想法。所以，他们认为对机会存在的判断标准往往是宽松的，导致更多虚报，也会增加真正的机会被识别的概率。所以，个体的趋利取向越是明显，越容易识别创业机会。相反，避害型个体判断机会存在的标准较高。巴隆（2006）认为，这两个理论的结合可以有力地回答为什么有些创业者更容易识别机会。创业者无论成功与否，都是趋利倾向的。但是成功者通常会综合考虑虚报的后果，避免虚报，也就是成功创业者有更高的判断准确率。

2.3 理 论 基 础

2.3.1 结 构 映 射 理 论

2.3.1.1 理论概述

结构映射理论是认知心理学领域用来解释类比的分支理论之一。类比是人类学习和认知新事物的手段，意指当一种事物作用于大脑时，个体会联想到与之对应的另一事物。类比是一种重要的认知活动，是许多发明创造的主要思维方式。比如，现在广泛应用于电子、家居、工艺品等领域的魔术贴，其发明过程就是类比思维的重要体现。瑞士工程师乔治·德·梅斯特拉尔（Georges de Mestral，1908～1990）外出打猎的时候偶然发现有针尾草黏在自己身上，随后用显微镜观察发现，针尾草的果实有一种钩状结构，可以黏附到织物上。经过多轮实验，乔治终于创造性地制成一种新型搭扣：A布上织有钩状物，B布上织有小圆球，两者贴在一起即可黏合，也就是如今我们熟悉的魔术贴。

从认知心理学视角来看，类比包括：（1）提取：根据当前任务情境提取长时记忆中的样例；（2）匹配：将记忆中的类比源与类比目标进行表征和比对，提取其共同性，作出相似性推论；匹配过程中伴随着评估；（3）评估：判断类比源与类比目标的相似性；（4）抽取：抽取共同性；（5）再表征：因匹配改变而重新表征五个子过程。其中，匹配是类比的核心环节。金特纳（Gentner，1983）提出的结构映射理论最先对匹配进行了理论描述，推动类比研究进入了一个新的发展阶段。

结构映射理论用于解释个体如何通过将新事物与熟悉事物作比较以对新事物作出推断（Gentner，1983；Markman and Gentner，2001）。该理论认为，类比源和类比对象是两个集合各自属性的关系系统，系统中的属性可能相似，也可能不相似。类比过程中，需一一匹配两个系统中的所有属性。这些属性可以分为两类，即表面相似性和结构相似性（Gentner，1983）。其中，表面相似性指事物、概念、情境中的表面特征，即基本信息元素的相似性，比如，两者之间有共同的颜色、形状、属性等（Gentner et al.，1995）。如苹果和足球之间的相似性在于形状相同，这是对两者表面相似性的关注。结构相似性指事物、概念、情境的结构特征，即逻辑关系的相似性，比如，两者之间有相似的功能、作用方式等（Gentner and Markman，2006）。如雨衣和雨伞之间相似性在于功能相似，这是对两者结构相似性的关注。

对不同线索的关注表明，人们在类比过程中，不仅比较两者之间的基本元素信息，还会比较其作用逻辑和因果关系（Keane et al.，1994）。反之，结构相似性和表面相似性在人们类比推理过程中也会有不同的作用和作用效果。认知研究表明，对表面相似性的加工是类比时的默认加工模式，对长时记忆中的知识提取和调动起重要作用（Keane et al.，1994）。当新异刺激出现时，人们首先会联想到那些与其共有表面相似性的事物，以帮助理解新事物。因此，表面相似性是类比匹配时的重要线索，也是容易提取的线索。相对地，结构相似性是一种对事物之间逻辑和关系的更为复杂的表征（Gentner and Markman，2006）。对结构相似性的偏好在学习新概念、解决重要科学问题等认知任务上有重要作用。比如，当科学实验中出现出乎意料的结果时，实验者首先会检验意外值是否由不当操作引起。如果不是，则会进一步分析这些结果是否有更深层的诱因（Dubar，1993）。在这种情况下，对结构相似性的加工则处于认知的主导地位。可见，结构相似性是因果推断等高级认知活动的主要线索。

2.3.1.2　结构映射的行为限制因素

类比匹配需要在许多备择选项中，选择最佳的匹配对象。而这一过程的发生会受到许多因素的限制，主要包括信息限制和行为限制因素（Gentner，1983；Keane，Ledgeway and Duff，1994）。其中，信息限制主要包括类比源和类比对象的结构限制、相似性限制、实用性限制等（Markman and Gentner，2000）。由于这并不是本书关注的重点，接下来重点介绍限制类比匹配的行为因素，主要包括工作记忆限制和知识背景限制。

工作记忆是一种对信息进行暂时加工和储存的记忆系统（Baddeley and Hitch，1974）。工作记忆容量有限，用来暂时保持和存储信息，是知觉、长时记忆和行为反应之间的接口（Baddeley，2003）。工作记忆的有限性对类比匹配的限制表现在两个方面。其一，工作记忆有限导致记忆偏差，产生类比错误。工作记忆负荷过重会导致对类比源和类比对象的信息表征和记忆不准确，影响匹配效果（Atwood and Posion，1976）。其二，工作记忆有限影响类比匹配的认知方式。当工作记忆负荷过载时，个体可能会使用简化的信息加工模式，不考虑类比源和类比对象属性的全集，而从更小的匹配集合中进行信息加工，影响匹配（Keane，1988）。

除了工作记忆之外，知识背景也会影响类比匹配。当关于匹配任务的知识多时，会产生更好的匹配效果。基恩（Keane，1991）的研究表明，被试在匹配集合与背景知识一致的匹配任务比与背景知识不一致或无关任务要快。

2.3.1.3　结构映射理论下的机会识别研究

格雷瓜尔团队首先将结构映射理论应用到创业机会识别领域，认为机会识别的本质是寻找技术和市场之间的匹配（Gregoire et al.，2010）。通过出声思考方法，格雷瓜尔等（2010）发现，创业者在识别机会的过程中采用结构映射的方式比较技术与市场之间的关系。在映射过程中，创业者会使用两种线索，即技术和市场之间的表面相似性和结构相似性。技术—市场之间的表面相似性高意味着技术的基本元素（如组成部分、开发背景、开发者）与市场中的基本元素（如市场中的人、他们之前使用工具的材料等）匹配。技术—市场之间的结构相似性高意味着技术的内部性能（如技术的作用原理、功能等）类似于市场潜在需求和原因与机制（为什么顾客会有这种需求）。研究中，当给创业者呈现某一科技，使其自由联想与之匹配的市场时，创业者首先会通过表面线索进行初步筛选；在接下来的深层次信息加工中，通过结构相似性最终形成是否是机会的判断。

以此研究为铺垫，格雷瓜尔和谢泼德（2012）针对表面相似性（高与低）和结构相似性（高与低）四种组合，开发出相应的实验情境，进一步分析两种线索如何影响机会信念的形成。其结果表明，只有当结构相似性和表面相似性两者皆高时，创业者才会形成最高的机会信念。虽然结构相似性高时，这一机会才会具有比较高的开发潜力，但是在表面相似性缺失的情境中，结构相似性难以被发现（Grégoire and Shepherd，2012）。在格雷瓜尔团队研究的基础上，米勒和谢泼德（Muller and Shepherd，2014）采用出声思考的方式研究了失败经历在结构相似性形成中的作用。两位研究者发现，失败经历本身并不能够促进结构相似性的形成，但是专业知识、专家机会模型和直觉式思维会激活失败经历对结构相似性线索的使用。

2.3.2　连贯理论

2.3.2.1　信念与机会信念

在不确定情境中，信念对行动有重要影响，甚至可以视为行动的关键诱发因素（Hastie，2001）。当面临不确定时，决策者必须从诸多备择选项中做出选择，而决策一旦生效，即意味着时间和资源的投入。许多创业领域的研究者（McMullen，Plummer and Acs，2007）都曾思索，为什么市场上总是为创业企业留有生存空间？为什么大企业没有在这些创业企业进入市场之前，抓住发展的契机？因为相比创业企业，大企业有冗余资源，可以形成规模经济、范围经济等，若是开发同样的机会，大企业拥有足够的竞争优势。对于这一问题，创业学者给出的答案是：机会的本质是认知性的（Kirzner，1973）。创业者的能力、目标、动机和情景的交互作用，共同促成机会识别。也就是说，当机会来临之时，总有那些拥有相应知识和动机的创业者，把握住机会。归根结底，机会识别和创业行动源于创业者对未来的乐观信念。

但是，有关信念从何而来，如何形成的研究很少。麦克马伦和谢泼德（Mcmullen and Shepherd，2006）提出的创业行动模型阐述了关于机会的信念和个体能力如何降低不确定性，进而增强创业行动意愿。在这一模型中，必要的知识和动机可以使个体脱离无知状态，在机会来临之时形成第三人称机会信念，即某人的机会。所谓无知（ignorance），指的是信息的缺失或无意识，导致个体不能意识到机会的存在。比如，信息缺失可能发生在个体所处环境与机会存在环境的脱离；而无意识可能由不恰当的信息加工方式导致。在第三人称机会形成后，个体需要克服怀疑，从而建立第一人称机会信念，即我的机会。怀疑（doubt），由创业的风险性、不确定性和模糊性引发。创业的风险性指的是当创业者在投入了相应资源后，明晰创业行动所有可能出现的结果，但不确定每种结果发生的概率；不确定性指的是，资源投入后，创业者不知道创业行动将会带来什么样的结果，但是知道别人同样无法预知结果；而模糊性指的是创业者不知行为结果，但是知道这可能是由于自己信息匮乏导致，别人有可能获知。个体感知到的风险性、不确定性和模糊性是导致机会信念差异的因素，进而引发创业行为层面的差异。

创业认知就是帮助创业者脱离无知状态形成第三人称机会，进而克服怀疑，形成第一人称机会的心理过程。麦克马伦和谢泼德（2006）提出的创业行动模型认为，创业者通过知识和动机克服无知和怀疑。脱离无知，创业者需要拥有充足的知识对环境中的信息进行解读和意义赋予，同时，需要有足够强烈的动机，以便将注意和信息加工资源集中在相关信息上。由此，第三人称机会信念形成。在个体确认了环境中可能存在某个机会后，接下来需要对机会的可行性和满意度进行评估——是否能够成功开发这一机会和是否要投入各方资源开发这一机会。理论模型如图 2－3 所示。创业者通过克服无知和怀疑，形成机会信念，从而产生创业行动。

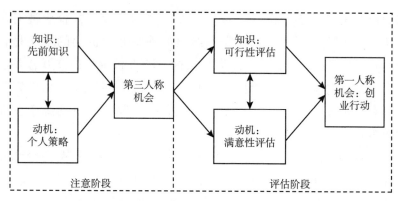

图 2 - 3　麦克马伦和谢泼德提出的创业行动概念框架

2.3.2.2　连贯理论与机会信念形成

在发表于心理学年鉴的文章里，伦茨（Rensink，2002）指出了连贯理论主要关注的三个问题：（1）感官的感知如何作用；（2）外界的变化是什么；（3）变化如何被感知。一言以蔽之，连贯理论主要解释个体如何将彼此分离看似不相关的信息解读为一个连贯体（Thagard，2004）。这一理论的核心是，不管理解文字、图片、人物还是事件，都需要建构一种解读，并且能比其他解读更完美地融汇所有信息，从而针对我们想要去了解的对象，提出最为连贯的解释（Thagard and Verbeurgt，1998）。建构的基础是元素，比如，命题、行动、文字或图片的一部分。元素能够被表征为连贯整体的具体表现为：命题被证明是正确的、行动是令人满意的或者意义能被理解。从连贯理论出发，机会识别信念是基于环境中具体的信息，形成是否存在机会的判断。换言之，即如何将环境中碎片化的信息感知为整体（即机会）。

连贯理论是社会心理学中双元信息加工理论的变体，认为决策有赖于数据和加工两者的互动（Chaiken and Trope，1999）。而这一互动受限于注意的承载力，同时也受先前学习、脚本和图式的影响。另外，与双元信息加工理论不同，连贯理论尤其关注信息加工过程的两端——信息输入和识别系统，即信息加工的前注意阶段以及通过知识结构形成合理推断的评估阶段，后者具有高认知卷入度。此外，连贯理论的根本假设是整体的连贯源于个体的社会建构（Rensink，2002），这与创业研究的结论——机会信念形成是快速的、前注意性的、整体性（Kirzner，1980），并受经验和学习的影响（Greégoire et al.，2006）是相吻合的。

连贯的形成从三个认知层面展开（Rensink，2002；Thagard，2004）。其中最底层是对环境表征的认知过程（比如，清晨起床，看到今天是雾霾天）；中层是将环境表征概括化，形成元表征（比如，雾霾是什么，有什么危害，对人体有什么影响）；在最高层面上，通过将元表征嵌入知识体系中，形成连贯的整体（比如，认知到外面正是空气污染，重新计划行程、安排出行方式等）。根据这一理论框架，第三人称机会信念的形成基于对环境表征与创业者知识体系下机会表征的连贯；第一人称机会信念的形成在前者基础上增加了与创业者深层知识和价值体系的连贯。环境与深层知识和价值体系的连贯更容易诱发创业行动，因为意愿到行为的转化失灵是不行动的关键因素（Greve，2001），同时，这也是研究者所认同的阻碍创业行动的壁垒（McMullen and Shepherd，2006）。

机会信念可以通过两种途径形成：自下而上的信息加工和自上而下的信息加工。

（1）自下而上的机会信念形成过程。

第一阶段：创业者识别了环境中的信息，这些信息反映了环境的各方属性，但是是高度无序的，即环境是一个未分化的信息集合（Weick，Sutcliffe and Obstfeld，2005）。此时，信息是无意义的，无法对环境变化作出探测和解读（Hollingworth，2006）。而归类有助于将经验条分缕析，简化认知世界（Weick et al.，2005）。因而，第二阶段则生成一个信息引导纲领。

第二阶段：形成信息引导系统，容许自发抓取环境信息概要（gist）——对环境前注意阶段的表征（Oliva，2005）。

第三阶段：创业者集中精力，将环境中的信息识别为一个连贯体（Rensink，O'Regan and Clark，1997）。与短时记忆中的瞬时表征相比，这一连贯体是相对稳定的，允许环境中的新刺激持续加入，对表征作出更新。因此，当所关注环境中某些特征发生变化时，创业者便能探测到现有连贯体的变化。但是由于人类的认知局限性，只有当注意资源集中在此的时候，连贯体才能保持存在（Rensink，2000）。这意味着，并不是所有的新刺激都能被探测到，只有一直处在记忆之中的连贯体才能得以更新和保存。

第四阶段：创业者利用已有知识，根据感知到的表征形成对环境的元表征。这些元表征直接来自原有认知框架和信念。有关环境的元表征与感官表征相比较，以决定是否构成一个连贯体。比如，对"市场在增长"这一论断的元表征为有关增长是由什么知识构成。在更低层次上，感官表征可以表述为"市场上产品的销售数量在增长"。当产品销售量的变化被创业者捕捉到时，便可快速形成两者是否匹配的判断。

第五阶段：创业者形成环境表征是否与自我深层知识结构相一致的判断。知识结构的影响力非常深远，直接关系到事实的成立条件。信念的形成是一个迭代的过程，随着元表征与感官表征之间的匹配和匹配失灵的交替而更新（Dietrich and Moretti，2005）。倘若现实与原有知识严重冲突，原有信念系统可能被颠覆。

自下而上的机会信念形成过程如图 2 - 4 所示。

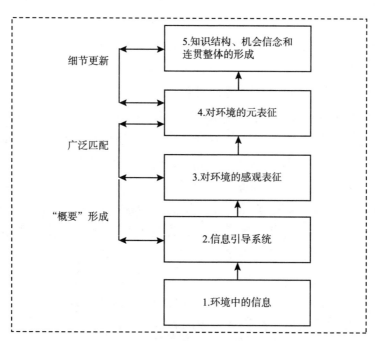

图 2 - 4　自下而上的机会信念形成过程

（2）自上而下的机会信念形成过程。

自上而下的机会信念形成遵循上述相反的过程。首先创业者通过深层知识理解环境，形成第一人称机会信念，然后基于信念更新和修正元表征。

自上而下或是自下而上反映的仅仅是信息加工方式的不同，归根结底，两种方式所建构的都是创业者如何依据自己的深层知识结构，对外界商业信息进行解读，形成机会信念的过程。

自上而下的机会信念形成如图2-5所示。

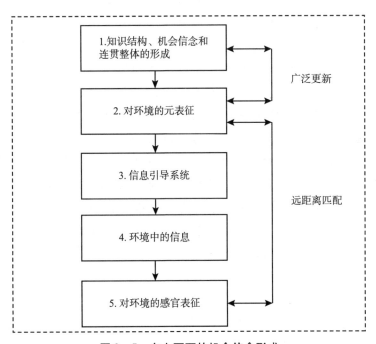

图2-5 自上而下的机会信念形成

2.4 现有研究述评以及对本书的启示

2.4.1 对创业认知研究的述评

2.4.1.1 对思维方式研究的述评

从相关回顾中可以看出，现有研究对创业者的思维方式关注有余而对信息加工的过程关注不足。思维方式是信息加工过程的结果，而认知在更大程度上是指个体对感知信息的转换、还原、完善、储存、提取和使用等一系列信息加工的过程。创业认知学者最初的目的是以认知科学为工具，解开创业者信息加工过程，探索创业者如何解读商业信息。但是，近几十年所呈现的研究与这一目的有南辕北辙之势：认知在现有研究中过多地被当成了一种风格或者是一种决策策略的选择。格雷瓜尔等（2011）对此评价道：对诸如技能、认知风格等认知变量效果的探讨已经取得了丰硕的成果，导致研究者没有动力将认知看作一个复杂、动态的过程去研究。虽然理论成果丰硕，这种做法仍然大大降低了认知科学的理论内涵。过分关注结果会导致我们无法洞悉思维方式的成因，进而不能识别和培养创业者的关键认知模式。比如，作为创业认知的重要理论基础之一，社会认知理论强调个体是嵌入在社会环境中的个体，行为一方面受其心理的影响，另一方面被环境形塑（Bandura，1986）。创业认知早先的诸多研究表明，创业者的思维方式与管理者或非创业者有所差异（Busenitz and Barney，1997），但是我们仍不清楚创业者独特的思维方式是这一群体所固有的，还是被创业高度动态、不确定的环境所激发的（Sarasvathy，2008）。倘若忽视思维方式的认知成因，创业者独特认知风格的来源就得不到清晰的回答。

另外，对思维方式背后的认知机制探讨不足大大降低了许多研究结果的应用效度。比如，有研究表明，在高度不确定的环境中，简洁的启发式思维具有较高的决策效率，但并没有深挖其内在机制。导致我们无法获知，启发式产生的决策效果是环境决定的，还是因为使用启发式的创业者具有某些更深层的共性。这一问题在对专家型创业者的研究中尤为突出（Baron and Ensley，2006；Sarasvathy，2001）。以美国弗吉尼亚大学萨阿斯娃斯教授为代表的研究团队以专家型创业者为对象，基于创业情境构建成功创业者的独特思维逻辑，归纳并识别了专家型创业者在创业过程中以奏效逻辑（effectuation）为基础的独特认知和行为规律（Sarasvathy，2001），但是同样没有揭示其认知成因。亦使我们无法判断这类行为模式是否具有推广效度。因为专家创业者在认知和行为模式上的共性可能是由于他们具有专家知识，是否能够被新手模仿悬而未知。事实上，创业是一个复杂动态的过程，随着创业进程的推进和创业者经验的积累，创业者态度、动机等方面都会随之发生变化。比如，伴随创业者对新企业付出的增多，创业者与企业之间的心理联结会越来越强，创业者不仅会把企业看作实现其他目的的手段，而且将之视为自己智慧和心血的结晶，是自我认同的延伸。这些变化会带来认知风格和决策逻辑的变化。所以，解构创业者的信息加工过程有助于识别不同情境中的有效认知风格的关键因素，将其转化为可被教授和推广的规律。

2.4.1.2　对影响认知因素研究的述评

认知科学以信息加工过程为研究对象，而信息不仅是在认知系统中进行加工，更是在整个心理系统中进行加工。创业者对当前环境所传达信息的感知和解读会受到之前智力、经验、个性、动机等各种自身心理因素的影响（Morsella et al.，2008）。也就是说，即使是面对相同的信息，采用相同的信息加工方式，但是由于信息激活了不同创业者的不同认知资源，而产生迥异的信息加工结果。我们的记忆中不仅储存着具体的事件，也储存着事件发生的情境，以及相关情绪、态度和动机（Thagard，2005）。所以，当环境中信息（或刺激）出现时，我们不仅要看创业者储存在图式中的哪些认知模块会被激活，更要考察牵连了怎样的态度和情感。这些心理因素都会影响创业者对信息的表征和编码，进而影响行为。通过回顾可以发现，越来越多的研究开始关注其他心理因素对认知的影响，表现出两大趋势：第一，有关创业者情绪的研究兴起。传统研究向来将情绪看作认知的副产品，近期学术界越来越重视情绪对认知和决策的影响。情绪对创业者感知、注意、认知风格选择等方面影响的研究越来越多地被开展（Baron，2008），为创业认知贡献了新见解。第二，有关创业者人格的研究出现复兴之势。由于特质论的失败，人格成为创业研究者避之不及的话题。但是现有研究不断表明，创业者的人格对创业行为和绩效具有较强的解释力（Zhao，Seibert and Lumpkin，2010）。并且现有研究超越了寻找区别创业者与非创业者的跨情境一致的人格特质而转向探讨人格对创业认知和决策的影响规律。这类研究具有更强的实践穿透力：我们无须改变在很大程度上受先天因素影响的人格特质，只需依据研究结果控制人格对行为的不利影响。有关创业心理的研究呈现多元化的趋势，未来研究可以在情绪、人格、动机等各个分支上继续深化。

创业认知的本质是社会认知，高度不确定性是创业者认知所嵌入的背景特征。围绕着环境的不确定性与创业者认知开展的研究也并不少见，与其相关的研究可以分为两类：一类研究将环境看作外生于创业者因素，考察环境的不同特征对创业者不同认知风格的自然选择作用（Hemieleski and Baron，2009）；另一类研究将环境视为内生于创业者的因素，强调创业者感知环境与认知过程的互动（Shepherd et al.，2012）。但是这些研究大多沿用了组织管理对不确定的定义与测量，忽视了创业不确定性的独特性及其来源的差异性。组织环境的不确定性外生于组织，所以不同组织面临相同的环境。但是，由于知识、经验、动机等方面的差异，不同创业者对环境不确定性的感知具有异质性（McMullen and Shepherd，2006）。比如，面对相同的环境或相同的机会，资源禀赋、行业经验以及诸如过度自信等心理特征都会影响创业者对行为不确定性的感知，相对资源丰富、经验丰富的创业者所感知到的不确定性要更低。在很大程度上，环境不确定性内生于创业者感知，而创业者感知的不确定性是他们综合自身人力、社会、心理资源对环境意会的结果，基于环境中信息离散性、创业者拥有资源丰富性以及不确定性容忍程度等因素共同形成。所以，创业者认知与环境互动的研究应在更细致和准确分析创业环境的基础上展开。

2.4.1.3 对认知的行为启示研究的述评

基于研究现状梳理，大多数研究成果在探索创业过程早期的创业意愿和机会识别行为的认知成因方面取得了显著进展，而对于创业过程中的其他关键行为的认知机制探索不足。未来研究需进一步拓展到创业过程中的其他关键行为甚至非创业过程中的关键行为，丰富对于创业者认知机制的理解。创业过程始于对机会的识别和开发，所以，机会理应是创业研究的主线（Shane and Venkataraman，2000）。在米契尔等（2007）的文章中，作者也曾将"创业者如何思考"这一根本性问题的外延定义为"创业者如何思考商业信息"，而与创业者如何思考日常生活问题无关。但是，"创业者"只是创业者的诸多角色之一；创业也只是嵌入在创业者的日常生活中的一部分。抛开创业者的家庭、社交活动中的形形色色的行为表现，而单纯研究"创业者—机会"互动近乎是一种"头痛医头，脚痛医脚"的做法。创业者在吃饭、穿衣、买房等看似与创业无关的行为中未尝不会包含与创业有关的思维逻辑。创业认知的研究发展到今天，我们也从一些看似无关的研究中获益，丰富了我们对创业者认知的理解。比如，费舍尔和鲁伯（Fischer and Reuber，2011）创新性地研究了创业者对社交网站推特（Twitter）的使用与效果推理和创业行为的关系，并认为基于 Twitter 的社交互动能够培养效果逻辑。

此外，现有研究已经越来越多地开始从更人性化的角度关注创业究竟给创业者带来什么样的心理感受的问题。除了以往研究所宣称的，创业能够满足创业者诸如赚钱、自主等动机之外，创业过程中也会充满艰辛和他人质疑，这些负面信息无疑会使创业者陷入高度压力和孤独之中，影响他们生活的主观幸福感（Uy et al.，2013）。这些看似与机会识别、创业绩效无关的问题，实则具有重要的理论意义。不仅有直接的研究证据表明，创业者的主观幸福感与企业绩效有正相关关系（Baron，2007），而且，创业者在创业过程中对消极体验的应对直接影响到他们的创业激情以及能否从失败中学习和恢复（Shepherd et al.，2011），为社会创造更大的价值。未来研究可在此基础上进一步延展研究主题，更生动地刻画创业者全貌。

2.4.2 对机会识别研究的述评

由于机会是创业的核心，在机会领域积累了大量的研究成果，有助于我们理解什么样的创业者能够识别机会，以及什么样的创业者能够创新性机会。然而，大多数机会识别研究仍然不能克服后视视角，虽然萨阿斯娃斯等（2003）根据目的—手段的创新性对机会作了分类，区分了机会属性差异，但是仍然存在弊端。具体表现在，对三种创新程度有异的机会类型的探讨仍然无法避免机会的后视性和幸存者偏差。在机会开发行动出现之前，创业者难以对其可行性和营利性作出准确判断。虽然我们可以分析正在被开发的机会，定义不同的机会属性，但是这种做法无法还原创业者在识别不同类型机会时的思维活动，导致学者们仍然难以事前描述机会的本质和属性。也就是说，我们可以知道哪些因素影响"是否能够识别机会"这样的行为结果，但却不知这些因素影响行为的逻辑。

先前研究的壁垒和局限亦是推动研究发展的良好契机。上面所呈现的局限可以从三个方面得以改善。

（1）提出机会信念的概念，区别第一人称机会和第三人称机会，麦克马伦和谢泼德（2006）提出的创业行动模型将创业者行动看作是愿意承担不确定性的结果。同时，两位研究者把创业行动分为两个阶段，第一阶段是第三人称机会的识别，创业者需要基于先前知识和评价标准，拨开不确定性，形成第三人称机会信念，即认为这个机会是存在的（某人的机会）。在此基础上，创业者会进一步进行可行性和满意度评估，再次克服不确定性，形成第一人称机会信念，即这个机会是可以由我（而不是别人）来开发的（我的机会）。由此，研究者开始克服后视偏见，将机会识别看作是对未来的信念（Dimov，2010；Sarasvathy，2008；Shepherd et al.，2007）；相应地，机会识别并不仅取决于机会信念效价（对该情景是否是机会的判断），还包括信念的确定性程度。

（2）从认知属性对机会进行分类。机会是对当前目的—手段有价值的重组，长时间以来，研究者们根据不同的重组方式对机会属性进行划分，比如，前面提到的依据目的和手段的明确程度划分不同创新性的机会；抑或根据"手段"的科技含量划分科技型机会或非科技机会。但是此类研究停留在现象层面，无法深入解构机会识别的认知机制。后有研究者提出，目的和手段的匹配是一个结构映射（structure alignment）的类比过程，通过比较目的和手段之中的表层相似性和结构相似性来形成机会信念。

（3）采用情景实验和口语报告的方法对创业者机会识别的当下认知即时捕捉。这两种研究方法是对个体当下思维的反映，能够有效避免后视偏见和幸存者偏差。

解构机会识别的认知过程，将机会以认知属性进行分类，并辅以情景实验的方法，能够有效克服先前机会识别研究中的幸存者偏差和后视偏差。未来研究可以在这一脉络上继续展开，深入分析影响机会属性评估的因素，以更好地回答为什么有人能够识别高质量的创业机会。

2.4.3　总结

机会的本质是认知性的，这决定了认识视角对机会识别有强劲的解释力，反观创业认知的研究现状，机会也的确是这一领域的热点议题。研究者在"为什么有人能够识别机会"这一问题上进行不断探索，并发现一系列影响机会识别的因素。但是，也正如前面所述，这些研究大多是已经发现了机会的创业者的事后报告，存在偏差。为了解决这一困境，有些研究者已经开始尝试解构机会识别的认知机制,并发现其过程可能包含结构映射等基本认知过程,但是这一分支的研究并没有回答一个不应回避的问题,即在先前研究中所发现的影响机会识别的因素中,哪些因素会影响不同映射的使用。

结合创业认知研究的现状和不足,本书从关注机会识别的认知过程入手,继续探讨其中的影响因素。格雷瓜尔等(2012)不仅创造性地将结构映射理论应用在机会识别领域,更据此编制了四种不同的实验情境,为后续研究提供了便利。借鉴其成果,本书将不同联结方式的机会嵌入实验情境中,呈现2(结构相似性:高与低)×2(表面相似性:高与低)四种不同的机会情境。创业者对四种情境的机会信念的作答可以即时反映其在机会识别过程中所使用的认知线索,由于市场和技术的结构特征是机会识别的关键线索,本书进而考察影响结构判断的因素。此外,本书在考察创业者认知因素和心理因素作用的基础上,关注两者的交互作用,超越以往研究中对两者的单独探讨,丰富了创业认知和心理的研究。

第 3 章

理论假设与模型构建

科学研究的基础在于对问题的清晰界定，对概念进行明确和操作化的定义有助于保持文章前后一致，并方便与他人研究比较，增强研究的严谨性和准确性。因此，本章将给出研究中所使用的概念定义。

3.1 关键概念界定

3.1.1 创业机会

机会是创业研究的核心问题，这已成为研究者们的共识。很多学者对创业活动的定义都突出了机会的重要性。比如，谢恩和文卡塔拉曼（2000）将创业领域定义为有关机会发现、评估和开发过程的研究。蒂蒙斯（Timmons，1999）认为，创业是创业者、创业机会和创业资源之间动态匹配的价值生成过程。

鉴于机会的重要性，许多研究者分别给出机会定义。其中，最经典的是，将机会定义为将新产品、服务、原材料和组织方式引入市场并以高于成本的价格出售的具体情境（Casson，1982；Shane and Venkataraman，2000）。换言之，机会是能够带来更高价值的"目的（市场需求）—手段（满足需求的方式）"组合。这一定义与熊彼特的思想一脉相承，即机会是对新产品和新服务的引入。

本书沿袭这一定义，认为机会是技术和市场的有效组合，包含供应端、需求端以及供求的联结。具体到研究中的科技转换情境中，机会就是将科技应用到某个特定的市场。此外，由于机会具有事前不确定性，机会所能创造的价值来源于创业者的主观感知。因此，在情景设置中，研究者设置了不同的目的关系组合，通过设定机会属性来考察机会识别差异的来源。

3.1.2　结构相似性效应

当两个物体、情景或概念之间具有高度的逻辑关系相似性时，那么我们说两者之间具有较高的结构相似性（Gentner and Markman，2006）。从认知角度来看，结构相似性随着个体对物体、情景和概念表征方式的趋同而提升（Johnson – Laird，1983）。认知研究表明，当个体进行复杂的认知活动，如因果推断、规则设置、目标描述时，都需要形成对事物之间复杂关系的高级表征（Gentner and Markman，2006）。事实上，在人们进行类比判断时，经常会跳过对概念间表面特征的考量，而直接关注概念的逻辑关系。比如，在一项实验中，研究者发现，当被问到"云彩和海绵"之间相似性的时候，个体往往会忽视两者表面特征的相似（如都是弧形的、都很松软），大多数人会聚焦于两者的结构特征：都可以从一处积聚水分，然后在另一处释放（Centner，1989）。在机会识别的情境中，当科技的功能逻辑（科技的用途和内部操作原理）与市场的潜在需求逻辑（不仅是需求）匹配度高时，结构相似性相应提升（Greégoire and Shepherd，2012）。

3.1.3　认知风格

认知风格是个体在组织和加工信息过程中所使用的一贯模式，是一种相对稳定的并且自动发生的信息处理模式（Streufert and Nogami，1989）。关于认知风格分类的研究有很多，梅斯克（Messick，1984）曾总结出了 19 种不同的认知风格。其后，哈耶斯和艾伦森（Hayes and Allinson，1994）更是发现前人研究中涉及的认知风格多达 29 种。虽然有研究者认为这一现象反映了人类认知的复杂性，但同时，也有许多研究者认为，这些杂乱的认知风格其实可以用"一体两极"来刻画（Robey and Taggart，1981）。这一观点的主要依据在于人类思维的二元性（the dual nature of human consciousness），认为人类的认知风格是从直觉式到分析式的连续体，是不同脑半球控制的结果（Entwhistle，1981）。由于人的大脑分为两个半球，左脑主要是处理语言、逻辑、数字、分析、次序、数列等的相关任务；右脑负责处理节奏、旋律、音乐、图片和非语言的模式与空间关系的功能。左脑主导下的认知风格以分析性、演绎性、严谨性、约束性、会聚性、正式性和批判性为特点，右脑主导下的认知风格以整合性、归纳性、扩散性、发散性、非正式性、弥散性和创造性为特点。

基于以上研究，艾伦森和哈耶斯（1996）沿袭了"认知风格是从直觉式到分析式的连续体"的观点，编制了认知风格量表，打破了认知风格难以测量的研究困境，并在管理和创业研究领域得到广泛使用（Brigham et al.，2007；Kickul et al.，2009）。其中，直觉式认知风格是一种无意识、整体性以及非选择性的内隐信息加工方式；与此相对应，分析式认知风格是指刻意的或有意识的信息获取和信息组织方式（Allinson and Hayes）。

3.1.4　知识

知识指的是个体自身所拥有的对某个特定问题的独特信息，它来自工作经历（Cooper，Gimeno and Woo，1994）、所受教育（Gimeno，Folta，Cooper and Woo，1997），也可能积累于其他途径（Shane，2000）。知识的获取方式可以是试验性学习或者是代替性学习，其中试验性学习是亲身参与和体验的直接学习方式，而代替性学习是通过二手经验（观察或模仿）的间接学习方式。研究表明，在某一特定领域所具备的知识能够带来明显的优势。比如，在相关任务领域拥有丰富知识的个体能够做出更有效的决策，具体表现为他们能够快速而准确地锁定问题症候，并给出解决方案（Chase and Simon，1973）。

3.1.5　调节定向

一直以来，心理学家将趋利避害看作人们行动的主导动机，调节定向理论重点解释个体如何趋利避害，实现目标（Higgins，1998）。在达到某一特定目标的过程中，个体会努力控制自己的认知和行为，这一过程称为自我调节（Geers et al.，2005）。调节定向理论区分了两种不同的自我调节倾向，即促进定向（promotion focus）和预防定向（prevention focus）。两者的差异主要体现在三个方面：（1）个体所要满足的动机；（2）所要试图达到的目标的本质；（3）所希望实现的结果。促进定向与提高需要（advancement）相关，即关乎个体发展、生长等需要；预防定向与安全需要（security）相关，即关乎个体避免伤害的需要。促进定向将期望的目标状态表征为抱负和完成，在目标追求过程中更关注如何实现积极结果，对受益敏感；而预防定向将期望的目标状态表征为责任和安全，在目标追求过程中更关注如何避免消极结果，对损失敏感。

3.1.6 情绪

情绪是一个复杂的心理概念，研究者尚未对其内涵、心理过程和功能达成一致。比如，进化心理学者认为，情绪是进化而来的生理模式，是一种具有进化意义的适应性反应（Panksepp，2005）；建构学者认为，情绪是社会建构的过程，是文化和语言表达的结果（Averill，1980）。此外，有关情绪成分讨论的侧重点也不尽相同，有研究者侧重情绪产生的生理机制和外部表现（如面部表情），另外一些研究者强调情绪的主观体验（Power，2006）。而对情绪的主观体验亦难以一概而论，可分为特质性情绪状态、特定情绪和心情。其中特质性情绪状态指的是由个体稳定的情感性人格而诱发的情绪体验常态（Barsade and Gibson，1998），比如，积极情感人格的人经常会体验到高兴、满意等积极情绪；特定情绪指的是强烈而持续时间较短的情绪反应，往往由特定事件引发（Forgas，1992）；而心情则指的是一种低强度、弥散性且持续时间相对较长的情绪反应，通常没有特定的诱发事件（Forgas，1992）。

虽然情绪往往被用作一个包罗万象的概念，不同表述的内涵存在显著差异（如特质性情绪和心情显然是由不同的诱因引发，并包括不同的心理机制），但是很多研究同样表明，情绪产生的效用具有同质性（Lyubomirsky，King and Diener，2005），即同一种情绪，不管是由特质还是特定事件引发，其所带来的认知和行为效应具有高度相似性。概念的操作定义需与理论内涵和研究问题相一致，由于本书所关注的是个体的即时情绪对机会识别的影响，因此，研究者仅关注将情绪定义为个体当前的积极情绪体验（如热情、自豪等）和消极情绪体验（如不安、紧张等）。

3.2 理论推导与模型构建

对结构相似性的把握是一项高认知卷入活动，根据结构映射理论，当个体具有相应的背景知识以及高水平工作记忆时，更容易依据结构相似性形成判断。据此，本书首先论证了创业者的认知因素，即认知风格对结构相似性形成的影响；其次，探讨认知基础，即创业者所拥有的知识对其作用。此外，机会识别的信息加工过程并不仅仅发生在认知系统中，更会受到其他心理因素的影响，所以，接下来考察关键的心理变量、情绪和动机在结构效应形成过程中的作用。在分别探讨各个因素影响的基础上，进一步深入考察认知和心理因素对结构效应形成的交互作用。技术和市场的结构性特征以及匹配性是机会识别的重要线索，如何更有效地依据结构特征对机会作出判断，是机会识别的关键所在，亦是学术界和实践界应该关注的问题。本书旨在挖掘有助于结构联结形成的个体因素，由此解开结构性联结形成的心理机制，以期对机会识别相关理论研究和实践有所启示。下面将根据相关理论和文献推导出研究假设。

3.2.1 创业者的认知与结构相似性效应

毫无疑问，我们在认知世界的方式上都有所差异，具体表现在，每个人都以独特的方式去收集、加工和评估信息。这种差异就是我们认知风格的差异。了解了差异的存在，便可知为何有人能够轻而易举地读懂图表，而有人一遇到数字就如临大敌；为何有人按部就班地遵循操作说明也无法搞定一个新机器，有人却可以使用自如。认知风格影响着我们的感知、思维、问题解决、学习、记忆以及与他人相处的方式（Messick，1984）。

把认知风格看作从直觉式到分析式的一个连续体，我们会发现，其两个极端在信息加工方式上存在显著差异。其中，直觉式认知风格是一种无意识、整体性且非选择性的信息获取方式，具有很大的内隐性。具体来讲，在直觉式认知风格主导时，个体会自动依据先前知识和经验对所处情境中的信息元素进行分类，并通过整合和识别其中的关系对情景作出理解，但是整个过程是无意识的，甚至信息解读者都不曾意识到有新信息的获取。相对地，分析式思维是一种有意识的、深思熟虑的过程，因而具有外显性。在分析式思维主导的情境中，个体会全神贯注于所处情境，并深入考察情境中信息的相关性。并且，个体会主动搜索和比较情境中信息之间的逻辑关联。这种逻辑关系的搜索是一个意识主导、具有系统性的过程，并遵循固有规则。两种思维方式的系统性比较见表 3 – 1。

表 3 – 1　　　　　　　直觉式和分析式人格风格差异比较

直觉	分析
无意识的	有意识的
个体没有意识到他们正在获取和使用知识	个体意识到他们正在获取和使用知识
自动的	有意的
学习和问题解决是无意识的过程，具有自发性并且不需要注意力的集中	是一个深思熟虑并且意识参与的信息加工和理解过程
非选择性	具有选择性
直觉具有非选择性，因为它自动获取相关信息，并非有意识地过滤掉所谓无关信息	分析式具有选择性，它能够筛选出并集中注意力于情境中所有被感知到的有效信息
不受限性	受限于理性
直觉是不受限的，因为它所加工的元素之间的并不明显的关系，这种关系非常之弱以至于并没有达到意识的阈限，因此，不受意识和逻辑的控制	分析式是受限于理性的，限于加工元素之间明显的联结，因为信息加工者是能够意识到这些联结的。因此，信息加工更加理性也更富有逻辑
整体性	部分性
关注总体，同时考虑整体中的各个部分元素	分析式是一种对各个部分的碎片式加工
整合和识别模式	对联结的理性搜索
直觉包含整合数据和识别关系的过程，但也是一种对情境的无意识的理解	分析式是在既定规则的指引下，按部就班、系统性地搜索联结和检验假设的过程

资料来源：内部资料，整理自哈耶斯和艾伦森的《解读你的认知风格得分》（*Interpreting Your CSI Score*）。

　　可见，认知风格对信息加工有深刻影响，因而，可以作用于管理决策。

管理和创业领域的研究表明，认知风格会影响组织中的战略决策（Hough and Ogilvie，2005），所有者经历与组织的匹配性（Brigham et al.，2007），创业者的自我效能（Kickul et al.，2009），等等。从信息加工的角度来看，机会识别是一个对机会情境中的信息进行解读和意义赋予的过程，研究中所关注的结构相似性效应亦是对结构信息的探查和评估。因此，信息加工方式会在其中起关键作用。接下来对认知风格和结构相似性效应的关系进行论证。

本书认为，认知风格影响结构相似性的形成，具体来讲，分析式思维起促进作用，而直觉式思维起阻碍作用。首先，根据结构映射理论，结构相似性的形成需要更多的认知卷入，是对信息进行深度加工的结果。通过前面描述，直觉式的认知风格是一种无意识的、认知卷入程度低的信息加工方式，通常以自发获取情境中信息的方式发生；相对地，在分析式思维主导下，个体主动地、有意识地获取情境中的相关信息，并对信息间的逻辑关联进行考察。因此，相对直觉式认知风格，分析式认知风格启动时，个体对情境信息更有意识也更警觉，进而有利于结构相似性的形成。此外，在直觉式思维主导下，个体对情境中信息的关系进行的是无意识的联结，由于缺乏逻辑和注意的卷入，信息加工者会"想当然"地对情境中元素之间的关系作出判断。相对地，在分析式思维主导时，个体有意识地进行系统性信息搜索，并深入比较元素之间的功能性关系。由于在机会识别情境中，结构相似性效应的产生是对市场需求和技术功能之间逻辑匹配的过程，因此，分析式思维有助于结构相似性联结的形成。

由此提出假设1。

假设1：分析式认知风格有利于形成结构相似性联结。

3.2.2 创业者的认知基础（知识）与结构相似性效应

信息加工理论认为，个体的新信息加工不仅依赖于对信息的组织方式，也与原有认知基础有关（Neisser，1967）。在海量信息面前，人们往往从中选取那些自己熟悉的信息进行深度加工。所以，对新信息的解读离不开原有的认知框架。本书进一步考察知识对结构相似性形成的影响。

知识是人们感知和解读新信息的认知基础（Fiske and Taylor，1991）。

由于知识积累不同，人们对同一事物的解读也会有所差异，对创业机会信息的捕捉和理解亦然。有关知识与机会识别的研究很多，已在前面有所论述。这些研究表明，知识可以解释为什么有人可以发现某一特定机会而其他人不能（Shane，2000；Gruber et al.，2008），也是识别到的机会的质量和数量的重要影响因素（Dimov，2007；Miller et al.，2007）。当个体在所面临的问题解决任务领域拥有丰富的知识时，能够对问题进行更丰富和更深层次的编码和表征（Chi et al.，1981）。结构映射理论也表明，匹配任务上的知识越丰富，任务表现会更好（Keane，1991），而且，知识越丰富，在类比匹配时越倾向于使用结构相似性线索（Novick，1988）。

由此提出假设2。

假设2：创业者的先前知识有助于形成结构相似性效应。

并得到以下子假设。

假设2a：创业者的有关技术的知识与结构相似性效应正相关。

假设2b：创业者的有关市场的知识与结构相似性效应正相关。

3.2.3 创业者的其他心理因素与结构相似性效应

3.2.3.1 调节定向与结构相似性效应

创业是创造性的破坏，往往与创业者的雄心、抱负、梦想、愿景相联系，调节定向理论可以对创业活动的起因提供有意义的解释框架（Brockner，Higgins and Low，2004）。早在2002年，麦克马伦和谢泼德（2002）就曾探索调节定向和创业意向的关系，他们的研究发现，随着所呈现机会的收益提高，个体会表现出更强的创业意向，而且相对预防定向，这种效应在促进定向的个体身上体现得更为明显，这与调节定向理论中促进定向的个体对受益更加敏感的论述相一致。在此之后，布罗克尼等（Brockner et al.，2004）系统探讨了调节定向在不同创业阶段中的作用，为创业领域的调节定向研究提供了有意义的框架，布罗克尼等最终认为不同创业阶段需要不同的动机取向，创业过程需要两种定向的灵活转换和结合，不拘泥于任何一种，才更有可能成功。随后，赫米列斯基和巴隆（2008）为调节定向和企业绩效的关系提供了实证证据，两位研究者发现，在动态性高的环境中，促进定向有利于新企业绩效，预防定向对绩效有负面影响；而在稳定的工业环境中，两种定向与绩效的关系不显著。两种动机取向与机会识别的关系也曾被探讨，比如，巴隆（2002）的理论研究发现，与避免损失相比，促进定向的个体更关注目标实现，所以促进定向的创业者先动性更强，对机会信息更加敏感，从而能够识别更多机会。相比之下，预防定向的创业者创业行动更加保守和谨慎，筛选机会的标准更为严苛。托马斯扬和布劳恩（Tumasjan and Braun，2012）的研究表明，促进定向与机会识别的数量和创新性都显著正相关。

基于这些具有建设性的理论论证和实证研究，本书从不同机会属性出发提出假设，认为促进定向能够促进结构相似性判断的形成，而预防定向阻碍结构相似性判断的形成。具体逻辑如下。首先，在一般意义上，如布罗克尼（2004）指出，促进定向的创业者在机会识别和创意生成阶段会有更好的表现。机会识别本质上即是对信息的创造性联结，是一种建立在愿景基础上的具有前瞻性的创意生成。而这种前瞻性往往来自对理想自我的追求和对实现抱负的期许，在这一点上，促进定向的创业者更具优势。因而，推断促进定向与结构相似性效应的正相关关系。

此外，上述的动机倾向可以影响信息加工，进而影响对结构相似性的探测。由上可知，促进定向的个体更关注对理想自我的追求，对收益和事物的积极结果更为敏感，在这种动机取向引导下，促进定向的创业者会将更多的认知和注意放在对新异信号的加工上，对结构相似性信息有更多关注。由于对积极结果的持续关注，相比预防定向，促进定向的个体对新信息更加敏感和开放，具有更高水平的创造力（Crowe and Higgins，1997）。在信息加工上，一方面，表现为促进定向的个体能够拥抱更多的可能性，更开放地解读机会识别信息（Tumasjan and Braun，2012）；另一方面，表现在促进定向的个体更专注于新异信息（Liberman et al.，1999）。因此，相比预防定向的创业者，促进定向的创业者对机会信息有更广泛的搜索和更深层次的加工，更容易发现市场和技术之间的作用原理和逻辑，能够更好地识别市场和技术之间的结构相似性。

相反，在预防定向主导下，个体的目标是保持安全，追求避免损失，相应对避免损失的信息敏感。在这种导向的驱动下，创业者会忽视情景中的收益信息，缺失的信息不利于结构相似性效应的形成。

综上，提出假设 3a 和假设 3b。

假设 3a：促进定向与结构相似性效应正相关。

假设 3b：预防定向与结构相似性效应负相关。

3.2.3.2 情绪与结构相似性效应

许多研究表明，情绪能够影响认知，进而影响个体的行为和决策（Isen，2002）。创业过程中充满了情感色彩，情绪研究具有重要价值，具体反映在以下两点。其一，创业环境以高度不确定性和不可预测性为特征，创业者无惯例可循，无疑加重其认知负担。此类情境下的信息加工更容易受到情绪的影响（Forgas，1995），进而会显著影响创业结果。其二，情绪会影响诸多关键创业活动。巴隆（2008）曾深入探讨情绪对创业过程的影响，并论述了情绪可能会通过影响认知、感知等基本心理过程，从而影响机会识别、资源获取、压力应对、决策有效性等关键创业活动。

情绪主要通过以下几种途径影响认知（Baron，2008）。（1）不同情绪状态能带来提取效应差异。简言之，当下的情绪状态能够引发对不同记忆内容的提取，进而以不同的视角解读当下信息。比如，在积极情绪状态下，个体总是容易回忆起过去令人高兴的事情；在消极情绪状态下，记忆中的消极事件更容易被激活（Bower，1991）。（2）情绪能够作为一种启发式线索，成为个体与特定对象互动的基础。根据情感信息理论（Martin and Stoner，1996），当与特定的人或事互动时，个体容易根据自己的情绪感受作出反应。在积极情绪状态下，个体会作出更乐观的评估和判断；相应地，在消极情绪状态下，个体容易给出否定的评价或判断。值得注意的是，被判断的事物可能并不是当下情绪的诱因，即被某一事件唤起的情绪可以左右对其他事件的判断。（3）情绪可以作为一种信号影响信息加工。根据情感信息理论，情绪是对当下事物的潜在评估和评价（Clore，Gasper and Garvin，2001）。情绪本身不仅是一种主观感受，更代表了认知反应。积极情绪是一种安全的信号，代表当下一切运转良好；消极情绪是一种危险的信号，意味着危险。

创业的艰难和不确定性在一定程度上决定了创业者更具乐观特质，也意味着创业者的特质性积极情绪要显著高于非创业者（Baron et al.，2011）。所以，积极情绪的效应也在创业领域被更为广泛的探讨。概言之，相比消极情绪，在积极情绪状态下，个体的心理能量、自我效能感更高，认知灵活性更强，并且会对当下工作有更多投入（Fredrickson，2001）；但是也相应伴随着冲动决策、认知偏差等不利影响（Simon et al.，2000）。反之，在消极情绪状态下，个体更为悲观谨慎，行为更加保守（Martin and Stoner，1996）。

创业研究中不乏对积极情绪的探讨。比如，积极情绪能够提高创业者对创业机会的敏感性，增加创业警觉，帮助创业者高效地获取人力和财力资源（Baron，2008），增强创造力（Baron and Tang，2011），促使创业者在未来工作上付诸更多的努力（Foo et al.，2009）。此外，创业失败后的积极情绪有助于创业者从失败中恢复，并增加再次创业的可能性（Hayward et al.，2010）。但是，创业研究中对消极情绪的探讨较少，并局限于情绪的认知意义，着重考察机会评估和开发的影响（Foo，2011；Welpe et al.，2012）。

接下来，在前人研究的基础上，探讨不同情绪与结构相似性效应的关系。研究者假设积极情绪能够促进结构相似性的形成，具体逻辑如下。（1）积极情感能够扩大个体的认知和感知范围（Fredrickson and Branigan，2005）。在相同的情境下，处在积极情感状态中的个体工作记忆容量扩大，能够注意到更多的信息。而注意范围的延展不仅能够增加个体的认知灵活性，还能够提高个体的心理适应性。一言以概之，积极情绪能够提升创业者的信息加工能力，因此，能够促进结构相似性的形成。（2）研究表明，积极情绪能够增加创造力（Hills，Shrader and Lumpkin，1999）。处在积极情绪状态下的创业者思维更加灵活和敏捷，长时记忆中的知识能以新异的方式组合和提取，能够对事物之间的关系进行远距联结，因此，有利于结构效应的形成。（3）情绪能够通过动机性机制影响结构效应的形成。根据情感信息理论，积极情绪是一种安全的信号，个体会受到鼓舞，因而更具先动性、对机会信息更敏感。更多的注意力被集中于相关信息，因此，引发深入的信息加工，促进信息以更丰富的方式被编码。综上可知，积极情绪有利于结构相似性效应的形成。

消极情绪阻碍结构相似性效应的形成。相对积极情绪，在消极情绪状态下，个体的认知能力减弱，创造力相应降低。此外，消极情绪是一种危险的信号，警示个体需要谨慎思考、慎重行动（Martin and Stoner，1996），以此为准则，创业者思维相对钝化、机会敏感度降低。因此，不利于结构相似性效应的形成。

综上，提出假设 4a 和假设 4b。

假设 4a：积极情绪与结构相似性效应正相关。

假设 4b：消极情绪与结构相似性效应负相关。

3.2.4　认知与心理系统的交互作用

认知系统作为信息加工的主要载体，其作用效果是与个体的整个心理背景密切相关的。也就是说，信息加工方式（认知风格）与背景知识、动机等心理因素之间存在交互作用，同样的认知风格在不同心理背景下可能产生迥异的结果。两者可能相辅相成，也可能起到相互削弱的作用。比如，知识水平作为信息加工的认知基础，其多寡可能会导致信息加工方式的作用效果差异。本书研究的第四个内容将聚焦于认知与心理因素的交互作用。

3.2.4.1　认知风格与知识的交互作用

通常来讲，分析式思维有利于结构相似性效应的形成，但是在某些特定的条件下，直觉式可能会更有优势。在本部分，研究者将假设：创业者在技术和市场方面的知识水平与直觉式思维起相互促进的作用。通过前面的论述，我们可以知道，直觉式认知风格是一种无意识、自动发生的信息加工方式。使用直觉式风格加工信息，个体往往自发地调动且依据先前知识，对当下情景信息进行整合和理解。研究表明，知识丰富的个体往往更偏好直觉式认知风格，因为知识有助于他们快速决策（Logan，1990；Shepherd and DeTienne，2005）。不仅如此，知识水平也可能影响到直觉式思维的作用效果。鲍尔斯等（Bowers et al.，1990）认为，长时记忆中的信息对问题解决有重要作用。某些特定的线索可以激活语义记忆中的相关信息，获得有关问题连贯性的直觉或灵感。由于长时记忆中已存储的有关信息的性质、数量、复杂性以及信息之间联结的强度等方面的差异，所以人们在解决问题时激活相关信息的难易程度与速度也不同。在某一问题上的知识水平较高时，信息加工过程中所能够在长时记忆中提取的信息相应增多，因而，直觉所能调动的认知资源增多。因此，得到结论：高知识水平能够显著弥补直觉风格信息加工深度的不足，促进直觉式认知风格对结构相似性的捕获。而且，根据信息代替的观点：当信息具有多种获取途径时，其中一种途径的作用会代替或弱化另外途径的作用（Muller and Shepherd，2014）。分析式认知风格是一种对情境信息有意识的获取和加工，创业者从情境中获取的信息会弱化自身知识的作用，因此，在分析式认识风格主导的情况下，自身知识的作用具有边际递减的效应。进而，知识对直觉式认知风格的促进作用更为明显。

此外，在信息加工层面，直觉风格是一种整体性、更加开放的信息加工方式；而分析风格更倾向于以既定的规则进行系统化调查和序列化分析（Allinson and Hayes，1996）。在知识水平较高的情况下，直觉所调动起的先前知识能够有效促进创业者对无序信息的解读，形成事物之间功能性关系的判断，进而促进对结构相似性的探测。综上可知，认知风格和知识水平之间对结构相似性的形成存在交互作用。

由此提出假设 5a 和假设 5b。

假设 5a：认知风格与技术知识存在交互作用，随着技术知识的增加，直觉风格对结构相似性的影响增强。

假设 5b：认知风格与市场知识存在交互作用，随着市场知识的增加，直觉风格对结构相似性的影响增强。

3.2.4.2 知识与动机的交互作用

知识是影响结构相似性形成的最关键因素之一。但对结构相似性的加工是高认知资源消耗的活动，除了知识之外，还需要信息加工者具有深入加工和编码信息的动机（Keane et al.，1994）。因此，知识和动机对结构相似性的形成存在交互作用。接下来，假设知识水平和促进定向之间起相互促进的作用，而知识水平和预防定向之间起相互阻碍的作用。

促进定向主导下的创业者偏好寻取新异刺激，并且对新信息有更高的敏感度，因此，表现出促进动机取向的个体在新信息上倾注更多的认知资源。较高的知识水平提供了对外界信息进行解释和意义赋予的认知基础，能够使个体充分理解外部信息，从而作出判断。也就是说，知识为信息解读提供了认知基础，而促进定向给予创业者更充足的动力进行深入信息加工。从反面来讲，当知识水平较低时，促进定向可以充分调动个体进行新信息搜索，弥补其不足。两者相辅相成。综上，知识水平和促进定向对结构相似性的形成起相互促进的作用。

相较之下，预防定向将期望的目标状态表征为责任和安全，在目标追求过程中更关注如何避免消极结果。由于预防定向的个体对损失敏感，因而行动更加保守和谨慎。预防定向主导的创业者筛选机会的标准也更为严苛。知识水平越丰富，预防定向能够探测到越多的问题和纰漏，从而阻碍结构相似性效应的形成。综上，在结构相似性探测任务上，知识和预防定向相互阻碍。

由此提出假设 6a、假设 6b、假设 6c、假设 6d。

假设 6a：促进定向与技术知识存在交互作用，随着技术知识的增加，促进定向对结构相似性的影响增强。

假设 6b：促进定向与市场知识存在交互作用，随着市场知识的增加，促进定向对结构相似性的影响增强。

假设 6c：预防定向与技术知识存在交互作用，随着技术知识的增加，预防定向对结构相似性的影响减弱。

假设 6d：预防定向与市场知识存在交互作用，随着市场知识的增加，预防定向对结构相似性的影响减弱。

3.2.4.3 情绪与知识的交互作用

情绪与知识的交互作用原理与调节定向相似。相比知识的静态存量，知识的激活程度也会影响其作用效果。而情绪则可作为知识作用的催化剂。接下来，将论证情绪与知识的交互作用。

积极情绪与知识在形成结构相似性判断时，可以起到相互促进的作用。前面已经论述了积极情绪对结构相似性效应形成的促进作用。积极情绪一方面可以拓展个体的认知和感知宽度，提高信息加工能力；另一方面能够提升个体的创造力，促进对不同事物之间关系的远距离联结。在积极情绪状态下，个体的认知系统处在激活的状态，对外部信息更加敏锐和警觉，因而更善于探测事物间结构特征的关系。在先前知识丰富的情况下，积极情绪与结构相似性效应之间的关系更为强劲，因为知识是认知和理解外部世界的基础，是积极情绪可以调动的对象。在积极情绪状态下，个体能识别到更为丰富的信息，同时，倘若有相应知识来解读这些信息，决策质量自然会提升。

相对积极情绪，在消极情绪状态下，个体的认知能力减弱，并感受到来自环境的威胁，因而谨慎思考、慎重行动，本身会降低对机会的敏感度。与预防定向的作用逻辑类似，在以保守为原则的情况下，丰富的知识只会带来过度分析，妨碍判断。

由此形成假设7a、假设7b、假设7c、假设7d。

假设7a：积极情绪与技术知识存在交互作用，随着技术知识的增加，积极情绪对结构相似性的影响增强。

假设7b：积极情绪与市场知识存在交互作用，随着市场知识的增加，积极情绪对结构相似性的影响增强。

假设7c：消极情绪与技术知识存在交互作用，随着技术知识的增加，消极情绪对结构相似性的影响减弱。

假设7d：消极情绪与市场知识存在交互作用，随着市场知识的增加，消极情绪对结构相似性的影响减弱。

3.2.4.4　情绪与认知风格的交互作用

前面已经论述了知识和直觉式认知风格在形成结构相似性效应上的相互促进作用，其中，知识能够弥补直觉式认知风格主导时注意力投入不足的劣势，而在分析式思维主导的情况下边际效应递减。在本部分，研究者将进一步论述情绪与认知风格的交互作用。其中，积极情绪与直觉式认知起相互促进的作用，而在消极情绪状态下，两种认知风格的作用效果没有差异。

积极情绪对认知能力有促进作用。在积极情绪状态下，个体的信息搜索范围扩大，能够注意到的信息增多；同时，具有积极情绪体验的个体处在唤醒的状态中，对外部信息更加敏感。直觉式认知风格是对当前情境信息的无意识加工，无意识中扩大的信息感知范围可以弥补注意力缺失的不足；相对地，分析式思维主导下的注意倾注和扩大的注意范围起到边际效应递减的作用。而消极情绪所带来的是对威胁的感知和行动的保守，并引发认知和注意的钝化。因此，在消极情绪状态下，分析式思维比直觉式思维更有优势。

综上提出假设8a和假设8b。

假设8a：积极情绪与认知风格存在交互作用，随着积极情绪的增加，直觉式认知风格对结构相似性的影响增强。

　　假设 8b：消极情绪与认知风格存在交互作用，随着消极情绪的增加，直觉式认知风格对结构相似性的影响减弱。

3.3　理论模型设计

3.3.1　模型构建

　　基于相关理论和逻辑推导，本书建构了一个结构相似性效应的影响因素模型。在形成结构相似性是机会识别的关键线索的判断后，进一步探索"创业者的哪些认知和心理特性有助于形成结构相似性效应"这一问题。通过回顾以往研究并遵循结构映射理论的逻辑，本书分别考察了创业者的认知风格、知识水平、情绪和动机对结构相似性形成的影响。鉴于人的认知系统和心理系统难以分离，在决策时，两者必然存在交互影响。本书继而考察了认知和心理系统在形成结构相似性效应上的交互作用，以期最真实精确地还原机会识别的决策过程和影响因素，进而得到本书的研究模型，如图 3 - 1 所示。

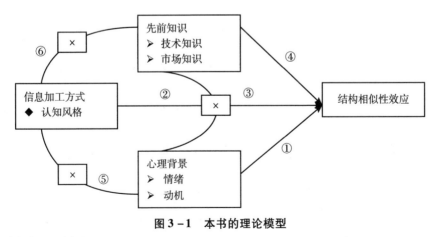

图 3 - 1　本书的理论模型

资料来源：笔者整理。

3.3.2　模型构建与研究问题的呼应

围绕研究问题以及变量之间的作用关系，本书提出了8组共19个理论假设，见表3-2。其中第一组假设解释了图3-1中的逻辑链条①，考察认知风格与结构相似性效应的关系；第二组假设考察了创业者的认知基础，即市场知识和技术知识对结构相似性效应的影响，对应图中逻辑链条②；第三组和第四组假设考察了创业者的情绪和动机因素对结构相似性效应的影响，对应图中的逻辑链条③；第五至第八组假设考察了创业者的认知和心理因素如何交互影响结构相似性效应的形成，对应图中链条④～⑥。后面将通过实证来检验这些要素间的作用关系，对研究问题进行解答。

表3-2　　　　　　　　　　　　研究假设汇总

假设	假设内容
假设1	分析式认知风格有利于形成结构相似性联结
假设2	创业者的先前知识有助于形成结构相似性效应
假设2a	创业者的有关技术的知识与结构相似性效应正相关
假设2b	创业者的有关市场的知识与结构相似性效应正相关
假设3a	促进定向与结构相似性效应正相关
假设3b	预防定向与结构相似性效应负相关
假设4a	积极情绪与结构相似性效应正相关
假设4b	消极情绪与结构相似性效应负相关
假设5a	认知风格与技术知识存在交互作用，随着技术知识的增加，直觉风格对结构相似性的影响增强
假设5b	认知风格与市场知识存在交互作用，随着市场知识的增加，直觉风格对结构相似性的影响增强
假设6a	促进定向与技术知识存在交互作用，随着技术知识的增加，促进定向对结构相似性的影响增强
假设6b	促进定向与市场知识存在交互作用，随着市场知识的增加，促进定向对结构相似性的影响增强

续表

假设	假设内容
假设 6c	预防定向与技术知识存在交互作用，随着技术知识的增加，预防定向对结构相似性的影响减弱
假设 6d	预防定向与市场知识存在交互作用，随着市场知识的增加，预防定向对结构相似性的影响减弱
假设 7a	积极情绪与技术知识存在交互作用，随着技术知识的增加，积极情绪对结构相似性的影响增强
假设 7b	积极情绪与市场知识存在交互作用，随着市场知识的增加，积极情绪对结构相似性的影响增强
假设 7c	消极情绪与技术知识存在交互作用，随着技术知识的增加，消极情绪对结构相似性的影响减弱
假设 7d	消极情绪与市场知识存在交互作用，随着市场知识的增加，消极情绪对结构相似性的影响减弱
假设 8a	积极情绪与认知风格存在交互作用，随着积极情绪的增加，直觉式认知风格对结构相似性的影响增强
假设 8b	消极情绪与认知风格存在交互作用，随着消极情绪的增加，直觉式认知风格对结构相似性的影响减弱

资料来源：笔者整理。

第4章

研究设计与研究方法

科学的结论依赖于规范的研究设计与研究流程。下面将细致地介绍研究设计与实施流程，重点介绍了本书的研究设计思路、问卷设计与样本选择、问卷发放与样本检验以及分析方法与逻辑等内容，目的在于保证基于理论模型实证分析的有效性。

4.1 研究设计的基本依据

研究设计是研究的核心环节。在研究问题确立之后，需要制定与之匹配的研究设计，选择合适的研究方法和观测方式，以此指导数据收集和分析。克雷斯维尔（Cresswell，2007）将研究设计分为三类：定性研究、定量研究和混合研究。其中，定性研究是采用归纳的方法，从一系列特定的观察中，发现模式的过程；定量研究一般是从逻辑或理论出发，形成研究假设，并通过数据收集和分析来检验预期模式是否存在的过程；混合研究则介于定性与定量研究中间，是对两者的整合。三种研究方法的比较如表 4 - 1 所示。

表 4 - 1 定性研究、定量研究和混合研究的比较

趋向或特征	定性研究	定量研究	混合研究
哲学假设	建构主义或参与式知识观	后实证主义知识观	实用主义知识观
研究策略	现象学、扎根理论、民族志、案例研究和叙事研究	测量和实验	顺序法、并行法和转换法

趋向或特征	定性研究	定量研究	混合研究
研究方法	开放式问题、即时呈现方法、文本或图像	封闭式问题、预设的方法及数量资料	开放－封闭问题、即时－预设方法、定性－定量的数量和分析
研究者操作	确定研究者在研究中的位置；收集参与者看法；关注单一概念或现象；研究中带入个人价值观；研究参与者的背景；验证结果精确性；解释数据；创设变化或变革议程；与参与者合作	研究理论或解释；确定研究变量；阐述问题或假设中的变量；信度和效度的保障；观测和测量数据；使用无偏见的方法；使用统计程序	收集定性和定量数据；为了整合研究中的不同资料而创设理论依据；提供一个可视的研究步骤图；使用定性和定量研究的具体方法

资料来源：〔美〕阿巴斯·塔沙克里（Abbas Tashakkori）、查尔斯·特德莱（Charles Teddlie）著，唐海华译：《混合方法论：定性方法和定量方法的结合》，重庆大学出版社 2010 年版。

　　本书主要采用定量研究方法，原因在于：（1）本书的变量大多为创业者的认知和心理变量，难以被观测，因而观察法可能会降低测量的准确性；（2）本书所关注的领域已形成成熟理论，基于理论的演绎更符合本书的研究情境。在具体操作层面，研究者参照艾尔·巴比的《社会研究方法》，研究设计遵循确立研究目的、概念化、选择研究方法、操作化、确立总体与抽样等环节，如图 4-1 所示。

　　前面已经对本书的研究目的、理论基础和假设推导作了详细介绍，本部分将基于科学研究范式，逐一阐述研究方法、测量、调研对象和选取具体调研过程。

4.2　研　究　方　法

　　使用工具是人类区别于其他动物的一大特征，也是物种向高级跃迁的里程碑性标志。同样，纵观科学发展史，每一学科领域的重大发展也总是与新工具发明有显著的关系。比如，显微镜的发明证实了致病微生物的存在，大大促进了医学的发展进程；分解原子的工具促进了物理学的发展。

创业认知领域的发展也遵循同样的法则。来自认知科学的理论、概念、方法已经对回答创业领域的基本问题做出了显著的贡献，引领创业学下的这一分支领域的发展呈现欣欣向荣之态。选择适当的方法有助于对研究问题的理解。

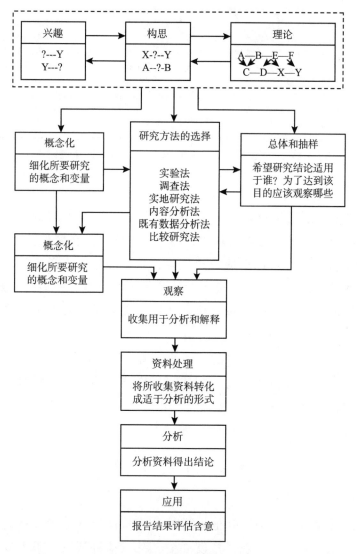

图 4-1　研究设计与流程

资料来源：笔者根据《社会研究方法》整理。［美］艾尔·巴比著，邱泽奇译：《社会研究方法（第十一版）》，华夏出版社 2009 年版。

4.2.1 情景实验和设计

4.2.1.1 实验法与情景实验

实验心理学的建立是心理学发展史上的里程碑事件。1789 年，冯特在德国莱比锡大学建立了第一个心理学实验室，标志着心理学脱离哲学成为一门独立的科学。实验方法为研究心理学问题提供了收集数据的手段，加速了心理学的发展进程。

巴隆等（2004）在 ETP 上发表文章：《扩展企业家认知工具箱：认知科学领域的潜在贡献》（Expanding Entrepreneurial Cognition's Toolbox：Potential Contributions from the Field of Cognitive Science），呼吁创业认知领域的研究者应该借鉴更多的认知科学中的研究方法，以拓展创业认知的研究视野。此文章发表至今已有十几年，在此时段中，一些方法已经在创业研究中得到了应用。

其中，实验法是一种定量的研究方法，研究目的是发现不同的刺激对结果的影响。这种方法的关键在于通过改变某一种刺激来观测某种结果的变化，以确定刺激和结果之间的因果关系。不仅是科学家，我们在日常生活中也经常使用实验的方法帮助我们得出结论。比如，想减肥的人会通过尝试不同的运动或食物搭配以确定哪种方式能够产生最佳效果。但是与日常生活中的简易实验不同，科学实验需要遵循严格的流程和控制，以消除偏差。齐姆尼（Zimney，1961）认为，实验法包括以下几大特征：第一，实验是一种对事物的客观观察，实验过程中必须完全消除实验者对结果的潜在影响；第二，观测的现象是由实验操作而引起的，也就是说实验的因变量，比如，被试的行为表现、心理变化都是由实验设计引发；第三，实验需要发生在严格控制的环境中；第四，变化其中的一个或者几个因素，而保持其他因素不变。

实验法具有以下特点和适用情景。

（1）实验法和认知研究的天然匹配性。心理学的各分支领域，从感觉、知觉、注意、学习到情绪、人格，实验方法都在其学科发展过程中起到了重要的促进作用，尤其对认知心理学。认知心理学把心理过程视为一系列的信息加工过程，研究对象是人的内部心理过程。由于研究对象的内隐性和不可观测性，只能够依靠输入（刺激）和输出（反应）推测内部过程。所以，认知心理学对实验研究方法具有天然的依赖性，只有通过巧妙且可靠的实验设计，才能保证获得真实的内部心理过程的数据。

（2）实验法最大的优势在于能够确定因果关系。在真实世界中，影响某一个行为的因素有很多，我们无法通过观察确定导致行为出现的结果。通过实验的方法，研究者可以将想要观测的变量抽离出来，保持其他变量不变只操纵这一个变量，通过辨别被试的行为反应是否有差异，来确定自变量和因变量的因果关系。

（3）实验法能够避免后视偏见。后视偏见（hindsight bias）是一种回忆歪曲的现象，指某件事情发生之后，人们在回忆的时候会倾向于认为其结果是可以预测的，尽管在事情发生之前，并没有证据表明其可预测性。也就是中国俗语中的"马后炮"或"事后诸葛"。在创业研究中，研究创业活动或者创业行为往往是已经发生的。如果仅凭对被试回忆的刻画，在很大程度上会导致研究结果的失真，不能够保证研究的信度和效度。采用实验的研究方法，研究者可以通过设计，还原先前决策（或行为）情境，并且请被试在当下情境中决策。通过情境再现和即时反应的方式，可以避免后视偏见对研究结果的影响。

研究者前期曾对创业认知和创业决策领域的实验方法进行过系统梳理，发现现阶段，实验法的变化因素可以分为两类：一是对人心理状态的操纵；二是对情景的操纵。其中，对人的操纵是指通过一些实验技术改变人的心理状态。比如，在付（Foo，2011）的研究中，研究者使用情绪启动的方法改变受试者的情绪状态。在实验中，被试被随机分配到四组中，接受不同的指导语，以唤起不同的情绪状态。比如，在愤怒启动组，要求被试描述3～5件让他们感到愤怒的事情，然后对其中的1件事进行详细的描述。在其他三组中，类似的方法用来启动被试的高兴、恐惧、希望的情绪。也有研究通过对实验被试施加不同的刺激，以观测不同组被试的反应差异。再如，在海尼等人（Haynie et al.，2012）的研究中，研究者将被试随机分配到两组：一组被试在完成第一轮机会评估任务后，接受结果反馈（有关任务表现的信息与一些客观的评判标准）；另一组被试在完成第一轮机会评估任务后，接受认知反馈（包括任务信息、被试所使用的决策标准以及有关任务和决策标准互动的信息）。随后，让两组被试重复第一轮的机会评估任务。通过两轮之间施加的反馈类型的不同，以观测两组被试第一轮和第二轮决策标准变化的差异。

此外，在创业领域应用较多的实验法是情景实验，也是本书所采用的方法。情景实验是实验的一种，通常通过问卷的方式，设计和模拟不同情景，观测被试者在不同情景之间的反应差异。比如，在韦尔佩等人（Welpe et al.，2012）的情绪研究中，以问卷的形式实现 3（成功概率：高、中、低）×2（成功带来的利润：高、低）的实验设计，呈现出 6 种不同的创业机会情景。类似的，在福拉尼等人（Forlani et al.，2000）的研究中，通过 2（投资回报率的变动性：高、低）×2（风险性：高、低）的被试间设计，呈现 4 种不同的机会情景。

表 4－2 总结了创业认知领域中使用实验法的研究。这一总结可以直观地反映出实验法在创业领域应用的现状。虽然早期的研究中便开始使用这一方法，但是设计大多比较简单。近年，研究者开始使用具体的实验技术，比如，通过启动的方式来唤起被试不同的情绪状态（Foo，2011）；再如，在情景操作中设计了更为复杂的理论内涵（Gregoire and Shepherd，2012）。

4.2.1.2　情景实验与机会识别研究

机会识别研究向来面临方法论的挑战。比如，直接询问调研对象"在过去一段时间里，您一共识别了多少个机会"是机会识别研究中常见的方法，显然这种方法受到回忆偏差的严重影响；询问"哪些因素影响您的机会识别过程"，这一方法易感于自我报告偏差。并且很多研究中对机会识别的观测都聚焦于成功的创业者，又受到选择偏差和幸存者偏差的影响。鉴于此，很多研究关注机会识别轶事，但发现不同的人在不同情景中，会发现不一样的机会。无疑，在现实创业活动中，没有任何两个机会是相同的，导致有关机会识别的研究难以控制机会属性，因此，研究者很难解释为什么在某个特定的情境和时机下，具备了某种特质的创业者识别了这样一个机会。那么，如何才能更有效地开展机会识别的研究？格雷瓜尔、谢泼德和兰伯特（Gregoire，Shepherd and Lambert，2010）开创性地结合情景实验法和机会信念的测量方式，良好地解决了以上弊端。首先，通过机会信念

表 4 - 2　　　　　　　　　　　实验法在创业领域中的应用

年份	作者	杂志	题目	研究问题	变量	样本	方法
1994	Krueger	DS	How believing in ourselves increases risk taking: Perceived self-efficacy and opportunity recognition	过去风险承担行为的结果对未来风险承担性的影响	自我效能、感知机会、感知威胁、风险承担 2（两难情境：积极、消极）×2（投机行为：积极、消极）的被试间设计	153 名商学院学生	实验
1995	Palich et al.	JBV	Using cognitive theory to explain entrepreneurial risk-taking: Challenging conventional wisdom	创业者的风险承担行为究竟与非创业者有何不同	风险承担性，对某个风险情境是机会或威胁、优势或劣势的评估	在一个商业机构发放有效问卷 92 份，其中创业者 35 人、非创业者 57 人	问卷，有情景实验的雏形
1996	Mullins	JBV	Early growth decisions of entrepreneurs: The influence of competency and prior performance under changing market conditions	变化的市场情境中，胜任力和先前商店绩效对创业者早期成长决策的影响	胜任力、过去绩效、成长决策 2（胜任力：高、低）×2（先前绩效：好、差）的实验被试间设计	103 名硬件经营商	实验
2000	Forlani et al.	JBV	Perceived risks and choices in entrepreneurs new venture decisions	风险感知与是否创业	2（投资回报变动性高低）×2（风险性高低）的实验设计	78 名创业者	实验
2004	Gatewood et al.	ETP	Entrepreneurial Expectancy, Task Effort and Performance	期望与绩效	创业态度和价值同卷——积极或消极反馈——对创业情境评估时间和准确程度——创业期望	179 名商学院本科生	实验
2005	Mullins et al.	JBV	Missing the boat or sinking the boat: A study of new venture decision making	创业者的风险态度和决策	2（资金来源：风投的、自己的）×2（创业能力的匹配性：高、低）被试间设计	75 名有经验的创业者	实验

续表

年份	作者	杂志	题目	研究问题	变量	样本	方法
2007	Moore et al.	OS	"What competition? Myopic self-focus in market-entry decisions"	自我中心偏差和市场进入决策	2（测验难度：高、低）×2（市场能力：3、4）被试内设计	54 名科技园成员 + 96 名本科生	访谈 + 实验
2011	Foo	ETP	Emotions and entrepreneurial opportunity evaluation	情绪如何影响机会评估	情绪、风险偏好	187 名本科生 + 66 名创业者	实验 + 问卷
2011	Mitchell	SMJ	Erratic strategic decisions: When and why managers are inconsistent in strategic decision making	管理者战略决策的动荡性	元认知经验、环境敌对性（机会价值、知识关联性、潜在机会数量）	127 名 CEO	实验联合分析
2012	Gielnik et al.	JBV	Creativity in the opportunity identification process and the moderating effect of diversity of information	创造力和信息多样性在机会识别中的作用	会聚性思维、创业生成、信息多样化；首先，呈现机会场景，让被试报告尽可能有多的创意，随后随机将被试分为两组，另一组接受多样一信息，再让被试报告是否产生了其他想法	98 名创业者	访谈 + 实验
2012	Haynie et al.	ETP	Cognitive adaptability and an entrepreneurial task: The role of metacognitive ability and feedback	创业者的元认知和决策标准调整	元认知知识、元认知经验	217 名大学生 + 73 名专家创业者	实验 + 联合分析

续表

年份	作者	杂志	题目	研究问题	变量	样本	方法
2012	Welpe et al.	ETP	Emotions and opportunities: The interplay of opportunity evaluation, fear, joy and anger as antecedent of entrepreneurial exploitation	情绪如何影响机会评估	情绪、风险评估、机会开发意愿；实验1: 3（成功可能性: 高、低、不确定）×2（收益: 高、低）；实验2: 2（成功可能性: 高、低）×2（收益: 高、低）×2（时间: 高、低）	138 名 MBA + 178 名 MBA 学生	实验
2012	Gregoire, Shepherd	AMJ	Technology-market combinations and the identification of entrepreneurial opportunities: An investigation of the opportunity-individual nexus'	创业者机会识别能力	机会信念、经验：2（市场: 表面相似性、结构相似性）×2（技术: 表面相似性、结构相似性）被试内设计	51 名创业者	实验（被试内）

资料来源: 笔者整理。

测量机会识别更贴切机会的本质，由于机会的高度事前不确定性，在机会识别下，机会识别仅仅是对未来的信念；其次，情景实验的即时性克服了以往研究中的回忆偏差和幸存者偏差，分离影响机会识别的关键因素，并使得一些罕见的、特殊的案例变得可重复操作；再次，由于情景的可设置性和可操作性，使得研究者可以将难以观测的理论维度融入情景设置中，使无关因素得到良好分离和控制；最后，情景实验设计有助于排除其他因素的影响，准确定位导致机会识别差异的变异源。

当然，情景实验的研究方法也受到很多诟病，这一研究方法长期以来在战略和创业领域并没有得到广泛应用，原因在于其生态效度遭受质疑。创业者的行为和决策具有高度生态型，通常发生在复杂不确定、认知载荷过重的情景中，实验室中的研究结论是否能够推广到现实情境中的问题需慎重考虑。在格雷瓜尔、谢泼德和兰伯特（2010）的设计中，尽可能将情景设置得更贴近创业者日常，将创业者平时所能接触到的信息融入设计之中。

4.2.1.3　本书的情景设计

本书采用 2（表面相似性：高与低）×2（结构相似性：高与低）的被试内设计。在具体情景设计上，研究者参照格雷瓜尔和谢泼德（2012）的研究，选取将某一真实技术应用到某一真实市场的案例，根据结构映射理论的理论内涵，识别这一应用情景中的表面线索和结构线索，通过操纵两种线索水平的高低，编写剩余 2 种机会情景。在这一情境中：真实的技术是：美国航空航天局朗利研究中心发明的注意力训练系统；真实的市场是：非药物治疗儿童多动症的方式。

根据结构映射理论对表面相似性和结构相似性的定义，在机会识别情景中，技术的表面线索主要包括技术的发明者、应用对象、使用原材料等，结构线索主要包括技术的原理和功能。据此判断，上述市场与技术的组合为高结构相似性（注意力训练系统可以满足提高多动症儿童注意力水平的市场需求）、低表面相似性（该技术适用于航空员与儿童这一需求主体并不一致）匹配。鉴于此，分别采取以下方式操纵两种相似性。

对增加表面相似性的操纵：将这一技术的开发机构由美国航天航空局改为儿童青少年疾病治疗中心；将技术的载体由飞行仿真器改为游戏系统。

对降低结构相似性的操纵：将技术的功能由提高注意水平（航空员与儿童）改为提高个体的抗压力和焦虑水平。

根据以上操作，形成 2×2 的机会情景方格，具体见表 4-3。

表 4-3　　　　　市场与技术之间的表面和结构元素匹配性

结构相似性	表面相似性	
	低	高
高	技术与市场的表面元素不匹配： 开发者：航天局专家不等于教育专家 使用者：航天员不等于多动症儿童 技术与市场的结构元素匹配： 功能：提高航天员注意力约等于提高多动症儿童注意力	技术与市场的表面元素匹配： 开发者：儿童教育专家约等于教育专家 使用者：驾校儿童约等于多动症儿童 载体相同：游戏约等于驾校游戏 技术与市场的结构元素匹配： 功能：提高航天员注意力等于提高多动症儿童注意力
低	技术与市场的表面元素不匹配： 开发者：航天局专家不等于教育专家 使用者：航天员不等于多动症儿童 技术与市场的结构元素不匹配： 功能：提高航天员的抗压力水平不等于提高多动症儿童的注意力	技术与市场的表面元素匹配： 开发者：儿童教育专家约等于教育专家 使用者：驾校儿童约等于多动症儿童 载体相同：游戏约等于驾校游戏 技术与市场的结构元素不匹配： 功能：提高航天员的抗压力水平不等于提高多动症儿童的注意力

资料来源：笔者整理。

具体施测时，通过问卷呈现四种机会情景，请调查对象阅读每一种情景，并形成对四种机会情景"机会信念"的判断。因此，形成 2×2 的被试内设计。

4.2.2　问卷法

问卷调查法（questionnaire survey）也称为问卷法，是管理研究中最重要的数据收集方法。研究者将所要研究的构念转换成一组可观测的指标，并将测量指标编制成问题表格，以邮寄、当面作答或（电话）访问的方式请被访者填答，以了解被调查对象对该问题或现象的意见和评价。问卷调查法运用有效性的关键，取决于问卷编制质量、被调查对象的选择和调研数据的检验与分析。

本书一方面在问卷中呈现了所设计的机会识别情景，请调查对象判断对不同情景的机会信念；另一方面在问卷中设计了认知风格、调节定向、情绪等认知和心理变量，在考察不同情景之间机会信念差异的基础上，进一步探索哪些心理因素能够解释机会识别的差异。

4.2.3 文献分析法

文献分析法（literature analysis）是指针对某个主题进行文献资料的收集和分析，目的在于探讨研究对象的性质和状况，并在分析过程中归纳出自己的观点和论据的分析方法（萧浩回、陆魁宏、唐凯麟，1995）。根据研究问题和模型，本书的文献分析涉及创业认知、认知风格和机会识别等几个领域的有关文献，通过对这些研究主题的历史与现状进行梳理，了解之前的学者对该问题的哪些方面进行了探讨，经历了哪些发展阶段，形成了什么样的理论和流派，有哪些发现与成果，还存在什么问题和不足（刘军，2008），从而保证研究问题和变量选择的理论渊源和创新性。

在研究开展前期，本书以"机会识别（opportunity recognition）""创业认知（entrepreneurial cognition）""认知风格（cognitive style）""调节定向（regulatory focus）""创业情感（entrepreneurial affect）"等为关键词，在多个中英文数据库中搜索相关文献，并对其进行梳理、总结和评价。具体操作步骤为：（1）对搜索结果所呈现的文献进行浏览筛选，删除与本书主题无关的文章，然后根据文章的主题对其进行归类整理；（2）列出文章的基本背景信息（如年份、作者、发表杂志等）、研究问题、涉及的构念、所使用的方法以及主要研究结论；（3）对所列文献的主题、方法进行统合整理，勾勒出所梳理领域的研究脉络和前沿问题。通过以上分析步骤，形成了对创业认知和机会识别领域的清晰认知，为本书选择研究问题、理论基础、研究变量和方法提供了理论依据。

4.3　变量选择和测量

4.3.1　问卷设计流程

4.3.1.1　机会信念

根据本书的理论设计，研究者通过对机会信念的测量来反映创业者机会识别能力。机会信念的测量量表由格雷瓜尔、谢泼德和兰伯特（2010）三位研究者共同开发。量表开发者认为，在创业行动的早期，机会信念主要包括以下两个维度。

其一，技术所能实现的功能和市场需求之间是匹配的。这一维度的理论内涵是将机会看作新供求关系的组合，比如，某位科学家发明了一项技术，并不能说他识别到了一个创业机会，机会的本质关乎将这一技术应用到特定市场。根据结构映射理论中相似性比较的原理，机会识别关乎创业者对技术功能和市场需求之间的匹配性的感知。

其二，将技术应用到潜在市场是可行的。这一维度指出了机会识别的关键在于是否行动，创业者是否愿意采取一定的行动去改变现有的市场失灵。根据行为计划理论（Ajzen，1991）和创业行动理论（McMullen and Shepherd，2006），创业者在识别了相应的目的—手段组合之后，感知到的可行性和满意度直接影响是否开展创业行动。因此，研究者将机会可行性作为机会信念的另一个重要维度，具体指在不可预知的将来，所识别的机会是否能够成功被开发。

在测量层面，主要通过三个题项测量"匹配性"，两个题项测量"可行性"，共五道题目。为李克特7点评分方式，-3代表十分不同意，3代表十分同意。具体见表4-4。表4-4呈现了机会信念量表的基本维度和测量题目。

表 4 - 4	机会信念维度划分和测量题项
维度	题项
匹配性	1. 技术 X 能够解决所描述市场的问题
	2. 技术 X 能够满足所描述市场的需求
	3. 技术 X 的用途和市场需求是匹配的
可行性	4. 将技术 X 应用到所描述的市场是一个可行的机会
	5. 技术 X 能充分应用到所描述市场并带来利润

资料来源：笔者整理。

量表开发者对该量表进行了相应的信效度检验。首先采取出声思考（think aloud）的方法对 9 名创业者进行机会识别联想研究，验证了该量表的内容效度。此外，分别邀请 98 名来自生物、医疗这一特定领域的创业者和 51 名来自不同行业的创业者填答这一量表，验证了这一量表的良好信度和区分效度（Greégoire and Shepherd，2012；Greégoire，Shepherd and Lambert，2010）。

4.3.1.2 结构相似性效应

在测量受试者对每一个情境形成的机会信念的基础上，本书参照先前研究对结构相似性效应这一构念进行计算。具体计算公式如下：

$$
\begin{aligned}
结构相似性效应 = & [当表面相似性高时(结构相似性高 \\
& - 结构相似性低)] \\
& + [当表面相似性低时(结构相似性高 \\
& - 结构相似性低)]/2 \qquad (4-1)
\end{aligned}
$$

4.3.2 前因变量

4.3.2.1 认知风格

本书使用艾伦森和哈耶斯（1996）编制的认知风格量表（cognitive style index，CSI）来测量认知风格。这一量表包括 38 道相关题目，要求调研对象判断每个题目与自身的符合情况，每个题目有三个选项："同意""反对""不确定"。量表开发者将认知风格看作从直觉型到分析型的连续体。在38道题目中，21道题目测量分析型认知风格，调研对象勾选"同意"记2分，"不确定"记1分，"反对"记0分；17道题目测量直觉型认知风格，采取相反的计分方式。最后将38道题目的得分加总，总分越高代表分析型思维越强，总分越低代表直觉型思维越强。每一认知风格的代表题项见表4-5。

表4-5 认知风格的测量类型和题项

类型	题项
分析型	1. 根据我的经验，理性思考是决策的可靠基础
	2. 为了解决问题，我必须仔细研究问题的每个部分
	3. 当工作任务有一个清晰的次序安排时，我会最有效率
直觉型	7. 读报告时，我倾向于大致浏览而非仔细阅读
	17. 适当冒险时，我会进步最大
	20. 我的很多决策是依靠直觉

资料来源：笔者整理。

在效度测验方面，艾伦森和哈耶斯（1996）将该量表应用于7个不同群体的1000余受试者。史密斯、斯派塞和曾（Sadler - Smith, Spicer and Tsang, 2000）复制了量表开发者的工作，进一步对该量表进行效度检验。这些研究证实了CSI的单因子结构，并验证了该量表的良好信度。这一量表也广泛地应用在创业领域（Brigham, De Castro and Shepherd, 2007; Muller and Shepherd, 2014），并被验证有良好的因子结构和信效度。

4.3.2.2 调节定向

本书采用洛克伍德、约旦、昆达（Lockwood, Jordan and Kunda, 2002）三位研究者开发的一般调节定向量表（general regulatory focus measure）测量这一构念。该量表与希金斯等人（Higgins, 调节定向理论的提出者）所设计的理论构念相契合，即通过促进定向测量理想自我导向，通过预防定向测量应然自我导向。这一设计的内在逻辑在于促进定向主导的个体更注重实现理想、期望和抱负（理想自我导向）；而预防定向主导的个体更关心安全、责任和自我保护（应然自我导向）。全量表共由 18 个题项构成，其中 9 道题目测量促进定向，其余 9 道题目测量预防定向。该量表为李克特 7 点量表，1 代表十分不符合，7 代表十分符合。该量表曾应用于创业研究领域，被证实有良好的信度和效度（Tumasjan and Braun，2012）。代表性测量题项见表 4 - 6。

表 4 - 6　　　　　　　　　　调节定向量表的测量维度和题项

类型	题项
促进定向	1. 我总是关注如何避免人生中的消极事件
	2. 我很担忧自己没能很好地履行应尽的职责和义务
	4. 我经常想起自己将来不想成为的人的样子
预防定向	3. 我时常设想如何才能实现自己的愿望和抱负
	5. 我经常想起自己将来想要成为的人的样子
	6. 我通常关注将来所希望获得的成功

资料来源：笔者整理。

4.3.2.3　情绪

本书通过沃森、克拉克和泰勒根（Watson，Clark and Tellegen，1988）编制的积极情绪和消极情绪量表（positive and negative affect schedule，PANAS）来测量创业者当下的情绪状态。该量表的编制主要依据情感二维理论，认为积极情绪和消极情绪是两个独立的维度。该量表共有 20 道题目，其中积极情绪测量题目 10 道，包括兴奋、热情、注意等；消极情绪测量题目 10 道，包括不安、愤怒、恐惧等。由于该量表的每题仅由一个形容词构成，并且被验证有较高的信效度，所以得到了广泛应用。

为了简化调研对象的填答负担，研究者采用了 PANAS 的简版（Foo，Uy and Baron，2009），共包括 10 道题目，积极情绪和消极情绪测量题项各 5 道。要求调查对象评价自己现在的情绪状态。该量表采取李克特 5 点评分方式，取值从非常不符合 = 1 到非常符合 = 5。代表性题目见表 4 - 7。

表4－7   积极情绪和消极情绪测量题项

类型	题项
积极情绪	2. 热情
	4. 自豪
	7. 有灵感
消极情绪	1. 不安
	3. 战战兢兢
	5. 急躁

资料来源：笔者整理。

4.3.2.4　技术和市场知识

参照格雷瓜尔和谢泼德（2012）的研究，测量调研对象在所描述技术和市场上的相关知识。技术知识的测量要求受试者报告他们对所呈现技术和技术背后的原理的了解程度。市场知识的测量要求受试者报告他们对所描述的市场和市场的影响因素和解决方案的了解程度。量表为7点评分，评分区间为十分不了解＝1到十分了解＝7。代表性题目见表4－8。

表4－8   技术知识和市场知识测量题项

类型	题项
技术知识	在多大程度上了解呈现的技术 A
	在多大程度上了解技术 A 背后的科学和工程原理
市场知识	在多大程度上了解所描述的市场需求
	在多大程度上了解市场需求的影响因素和解决方案

资料来源：笔者整理。

4.3.3　控制变量

除了本书所关注的变量之外，其他因素也有可能影响调查对象的机会识别过程。为了排除相关变量的影响，本书设计了以下控制变量。

4.3.3.1 教育水平和经验

大量研究表明，创业者的人力资本对创业以及机会识别过程有重要影响（Ucbasaran et al.，2009）。因此，本书控制了创业者的教育水平（高中及以下 =1，大专 =2，大学本科 =3，硕士 =4，博士 =5）和经验。经验主要通过创业者的创业经验以及创业前的相关工作经验来测量。参照以往研究，本书以创业者先前创业次数来测量创业经验。测量题目为：您的创业次数总计。以创业者的工作年限来测量工作经验。

4.3.3.2 创新和创造力自我效能

自我效能感指的是个体对自己是否能够完成某一任务的自信程度（Bandura，1986）。研究表明，自我效能感对创业行动有促进作用（Zhao，Seibert and Hills，2005）。而且，研究表明，高自我效能感的个体往往能够对识别机会的数量（Krueger and Dickson，1994）和创新性（Tumasjan and Braun，2012）都有积极影响。因而，对自己的创新和创造力更为自信的个体也同样更有可能形成更加积极的机会信念。鉴于此，本书控制了创新自我效能感和创造力自我效能感。其中，创新自我效能感量表来源于陈、克里恩和克里克（Chen，Creene and Crick，1998）的研究，共包括 3 个题项。创造力自我效能感的测量依据蒂梅伊和法默（Tiemey and Farmer，2002）的研究，共包括 4 个题项。两个量表均为李克特 7 点评分，评分区间从非常不同意 =1 到非常同意 =7。代表性测量题目见表 4 - 9。

表 4 - 9　　　　　　　　创新和创造力自我效能感测量题项

类型	题项
创新自我效能感	5. 我认为自己擅长打开新市场
	6. 我认为自己擅长产品、营销和管理创新
创造力自我效能感	1. 我有信心能够创造性地解决问题
	2. 我认为自己擅长产生新的创意

资料来源：笔者整理。

4.3.4 量表修订

文中所涉及的认知风格、机会信念等量表都使用英文原版量表，由于之前国内无人使用，研究者对其进行了修订。修订流程为，由两位创业方向的博士生采取背对背的方式，将英文版量表翻译成中文，并请两位有英文国家留学经历的心理学专业博士进行回译。四人对其中不一致的地方进行了多轮讨论，形成量表初稿。研究者在2015年7～8月期间，选择30名创业者进行了预调研，根据他们的反馈对个别题目的表述方式进行了微调，以避免语病和歧义。在此基础上形成施测量表。

4.4 调研过程和分析方法

问卷的设计优劣直接影响数据质量和分析结果。本书的问卷设计经历以下步骤：（1）深度分析创业认知和机会识别领域的文献，对该领域的研究脉络进行细致梳理，识别现有文章中的研究缺口，确定本书主要关注的问题；（2）根据研究问题选取相应变量，在反复论证变量对模型的贡献后，通过理论研究和文献搜索确定变量的测量方式，本书的变量测量大多沿用先前研究中的测量方式，在情景设计部分尽可能还原理论内涵；（3）量表选定后，对未在中国使用过的量表进行翻译和修订，综合考虑受试者填答便利性和问卷设计科学性，经过仔细讨论和排版，形成问卷初稿；（4）针对问卷初稿，与专家反复讨论斟酌，并选取创业者进行初测，形成调研的最终版问卷。本部分主要介绍了预调研和正式调研所做的工作，并介绍所使用的数据分析方法。

4.4.1 预调研

问卷的质量是研究效果的保障。为了保证问卷的设计合理，其中表述无歧义，研究者在问卷初稿形成后，即2015年6月期间，在天津和青岛共寻找7名技术企业创业者进行深度访谈，在创业者填答问卷之后，首先，询问是否存在有歧义的问项，并对问卷中一些在最初设计时有争议的题目进行了讨论。随后，重点针对四个情景中的信息，了解创业者在阅读信息后的关注点。创业者反馈的共性问题是在情景设计中，文字过多，在真实施测情景中，恐难以获得调研对象的配合。对此，研究者在不削减理论效度的情况下，尽量简化文字表述，并将关键信息加粗，使得调研对象的关注点和本书的研究点相契合。

在此之后，研究者采用熟人滚雪球的方式，联系身边正在创业的朋友，收集 30 份问卷。对变量之间的相关和四个情景之间的差异进行统计分析。发现结果基本符合研究者的假设与预期。在此基础上，开展正式调研。

4.4.2　正式调研

4.4.2.1　调研对象选取

调研对象的选取需与研究问题相匹配。本书主要关注的研究问题是，如何识别高质量的创业机会。具体来讲，如何将技术应用到那些看似不相关的市场中，满足未被满足的市场需求？那么，自然而然，本书的研究对象将定位于面临"高质量机会识别"或者技术转移问题的创业者。根据这一分析，研究者将调研对象锁定为技术型初创企业的创始人。

为了更方便以及更有针对性地开展调研，研究者将调研范围锁定在科技企业孵化器。科技企业孵化器的入孵条件包括：（1）企业需在孵化器内注册；（2）注册时间不超过 5 年（企业在入孵前成立时间不超过 2 年，在孵化器内时间不超过 3 年）；（3）企业从事研究、开发、生产项目应属于科技部颁布的《中国高新技术产品目录》。在此限制条件约束之下，孵化器内企业完全符合本书研究的需求。因此，本书选取科技企业孵化器内企业的创始人或创业团队成员为调研对象。

4.4.2.2　问卷发放与回收

抽样方式和问卷发放方式对数据质量有至关重要的影响。本书的最佳抽样方案为搜集全国科技企业孵化器名录，根据不同地区创业活跃度进行分层抽样。然而，理想状态总是难以实现，受限于人力和社会资源，本书借助国科火炬企业孵化器研究中心 2016 年度开展孵化器从业人员培训的契机，进行便利性问卷抽样。

本书正式调研委托国科火炬企业孵化器研究中心实施。国科火炬企业孵化器研究中心主要经营企业孵化器项目开发及相关咨询服务，每年在全国范围内开展孵化器从业人员培训。以此为契机，2016 年，在天津、上海、深圳、山东、河南、四川、重庆培训期间，向参与培训学员发放问卷。由其转发给所在孵化器中入孵企业的创业者。要求自问卷发放起一周之后回寄给研究者。具体调研细节以及问卷回收情况详见第 5 章。

4.4.3　分析方法

数据收集之后，需要采用合理的方式检验数据质量并进行变量间关系的深度检验。首先，研究者手动将数据录入到 SPSS 分析软件中，录入的过程也是对数据质量进一步核查的过程。其次，根据研究需求对录入数据进行质量检验，并在此基础上重新编码，以研究不同问题。具体研究问题和所使用方法见表 4 - 10。接下来对采用的几种分析进行介绍。

表 4 - 10　　　　　　　　　　　研究目的与分析技术

研究目的	分析技术	统计工具
同源偏差检验	因子分析	SPSS 22
样本特征检验	描述性统计分析、相关分析	SPSS 22
测量质量检验	因子分析、信度分析、效度分析	SPSS 22
情境差异检验	成对样本 t 检验	SPSS 22
假设检验	层级回归、调节效应检验	SPSS 22

资料来源：笔者整理。

首先，采用因子分析对问卷进行同源方差检验，并对变量的结构进行检验。因子分析是通过寻找潜在起支配作用的因子的降维方法。同一因子下的题目相关度高，而不同因子之间相关度低。因子分析分为探索性和验证性两种，对于成熟的量表仅需进行验证性因子分析，而不成熟的量表需要进行探索性和验证性两重分析。

其次，对各个变量进行均值、标准差和相关分析。观察各个变量的描述性统计特征，检验是否有异常值的存在。并通过观察相关系数，初步把握变量之间的关系。

再次，对所设置的 4 个情景之间的差异进行成对样本 t 检验。成对样本 t 检验是对同一样本的两组观测值之间是否存在差异的检验。该种分析技术可以探测研究中所设置的四个情景之间的差异是否符合预期，为接下来的假设检验奠定基础。

最后，采用层级回归的方法进行假设检验。层级回归是回归的一种，通常用来对因变量进行预测和解释。所谓层级是指自变量之间的关系或等级，自变量的层级越高，影响更为基础，高层自变量可能影响低层自变量。在进行层级回归分析时，将自变量按照由高到低的层次顺序加入模型之中，不仅能够呈现不同自变量对模型的解释力，而且能够反映自变量与因变量的整体关系。

第5章

实证分析与结果

首先，本章介绍了数据的收集过程；其次，分别进行样本描述性统计分析、数据信效度分析和检验假设的层级回归分析；最后，将结合理论和实践对结果进行讨论，提炼本书的主要发现。

5.1　样本与数据

5.1.1　数据收集过程

本书受国家自然科学基金重点项目"网络及不确定环境下创业者的行为认知与决策机制研究"（71532005）的资助，委托国科火炬孵化器研究中心，利用对孵化器从业人员培训的机会，于天津、河南、山东、上海、广州、深圳、重庆、成都收集数据。数据的收集过程主要有如下几个阶段。

第一阶段：2016 年 10 月，选定委托调研的第三方调查公司。为了保证数据质量，本书作者跟随受委托方的负责人员前往河南郑州培训现场，考察了参加培训的孵化器从业人员对调研的支持和响应程度；并对培训学员的资历进行考察。研究者首先确定了参加培训的孵化器从业人员对本书研究有较高的支持度和响应度，更重要的是，学员多来自国家级和省级科技企业孵化器，有机会和资源接触到高质量的技术企业创业者。基于以上两点，研究者判断该调研方式可行且可靠。

第二阶段：2016 年 10 ~ 12 月，开启正式数据收集。确定调研可行性后，研究者与受委托方签订合同，在京津冀地区（天津）、华北（河南、山东）、长江三角洲（上海）、珠江三角洲（广州、深圳）和西南地区（重庆、成都）进行数据收集。受委托方利用培训机会，将问卷发放给参与培训的孵化器从业人员（每人一份），委托学员邀请所在孵化器的创业者填答。问卷填好后，将回寄给本书作者。

第三阶段：2016 年 11 月～2017 年 1 月，数据回收和核查。在该阶段，研究者陆续收到各地回寄问卷。问卷回寄的时间随培训时间不同而有所差异。随后，研究者对回收问卷进行逐一核查，将填答不认真以及非创业者填答的问卷排除。并在距离问卷填答两周左右的时间对问卷进行复核。主要的核查内容包括进一步确定问卷填答人为创业者，以及问卷中所呈现的基本信息准确性。回收情况和问卷有效率见表 5－1。

表 5－1　　　　　　　　　问卷回收和有效性统计

地区	发放问卷数量（份）	回收问卷数量（份）	问卷回收率（％）	有效问卷数量（份）	问卷有效率（％）
天津	100	77	77.0	26	33.8
河南	116	83	71.6	41	49.4
山东	200	122	61.0	58	47.5
上海	110	62	56.4	49	79.0
广州	50	34	68.0	18	52.9
深圳	130	39	30.0	23	59.0
重庆	50	28	56.0	18	64.3
成都	90	45	50.0	37	82.2
总体	846	490	57.9	270	55.1

注：问卷回收率为回收问卷数量与发放问卷数量比例；问卷有效率为有效问卷数量与回收问卷数量比例。

资料来源：笔者整理。

由表 5－1 可知，本次调研共发放问卷 846 份，收到回寄问卷 490 份，总体回收率为 57.9%。通过对问卷有效性核查，删除未填答完整、填答不认真以及非创业者填答的问卷，得到有效问卷 270 份，有效率为 55.1%。回收率和有效率皆处于合理范围之内。

5.1.2 样本特征描述

针对有效数据，研究者首先对受试者的个体特征进行了频次分析，结果见表5-2。

表5-2 被调查创业者特征描述性统计分析

条目		样本量（份）	百分比（%）
性别	男	213	78.9
	女	55	20.4
	缺省	2	0.7
年龄	20~30岁	103	38.1
	31~40岁	118	43.7
	41岁以上	46	17.0
	缺省	3	1.2
教育程度	高中及以下	10	3.7
	大专	44	16.3
	大学	151	55.9
	硕士	52	19.3
	博士	10	3.7
	缺省	3	1.1
创业经验	1次	158	58.5
	2次	63	23.3
	2次以上	46	17.0
	缺省	3	1.2
工作经验	0	49	18.1
	1~5年	123	45.6
	6~10年	65	24.1
	10年以上	30	11.1
	缺省	3	1.1

注：创业次数包含本次创业。
资料来源：笔者整理。

在表 5 - 2 中，样本中男性创业者居多，占比 78.9%。年龄多集中于 31~40 岁，占比 43.7%。在教育程度分布上，多数创业者具有大学学历，占总数的 55.9%；大专及以下的占比 20.0%；硕士及以上的占比 22.0%。多数创业者为首次创业，占比 58.5%。创业者大多具有 1~5 年的工作经验，占比 45.6%。总体上，创业者的人口学特征分布符合实际情况且服从正态分布，判定样本可靠且有效，具有一定的代表性。接下来，将对被调查的创业企业所处行业和特征进行分析，结果见表 5 - 3 和表 5 - 4。

表 5 - 3　　　　　　　　　有效样本企业技术领域分布统计

编码	行业	数量（家）	比例（%）
1	互联网	78	28.9
2	电子信息	46	17.0
3	软件	13	4.8
4	生物医疗	10	3.7
5	化工	4	1.5
6	高级制造	9	3.3
7	新能源	6	2.2
8	新材料	5	1.9
9	机械自动化	14	5.2
10	电气	3	1.1
11	传媒	6	2.2
12	教育	9	3.3
13	服务	38	14.1
14	批发零售	10	3.7
15	其他	16	6.0
16	缺失值	3	1.1

注：互联网行业包含电子商务；服务业包括管理咨询、大数据服务等。
资料来源：笔者整理。

表 5 - 3 汇总了所调研企业所处的行业，由表 5 - 3 可知，多数企业处于互联网、电子信息等 10 个关键技术领域。少数企业分布于传媒、教育、

服务等行业。其中，互联网、电子信息和服务的企业比例超过10%，但是所占比例最高的互联网行业为28.9%，尚未超过30%，不存在行业过分集中的问题。

表5-4　　　　　　　　　被调查创业企业特征描述性统计分析

条目		样本量（份）	百分比（%）
地区	天津	26	9.6
	山东	58	21.5
	河南	41	15.2
	上海	49	18.1
	重庆	18	6.7
	成都	37	13.7
	广州	18	6.7
	深圳	23	8.5
类型	技术型	184	68.1
	非技术型	78	28.9
	缺省	8	3.0
成立时间	1年	116	43.0
	2~3年	103	38.2
	3年以上	49	18.1
	缺省	2	0.7
规模	大型	4	1.5
	偏大型	4	1.5
	中型	21	7.7
	偏小型	78	28.9
	小型	158	58.5
	缺省	5	1.9

资料来源：笔者整理。

由表5-4可知，本样本分布囊括了京津冀地区（天津26份）、华北地区（河南和山东共99份）、长江三角洲（上海49份）、珠江三角洲（广州和深圳共 41 份）和西南地区（重庆和成都共 55 份），基本覆盖了我国的主要地域，具有代表性。所调研企业 68.1% 为技术型，表现为有研发产品或研发人员。81.2% 的企业成立时间在三年以内。87.4% 的企业规模为偏小型，基本符合对创业企业的要求。

综上可见，本样本分布合理，具有较好的代表性。

5.1.3　同源方法偏差分析

同源方法偏差（common method variance，CMV）指的是在调查过程中，所有问卷题目来源于一次数据收集，由一人填写。同源方法偏差会导致概念之间的相关性膨胀，从而引发第一类错误。为了避免同源方法偏差，本书研究在设计时考虑了以下几点：（1）在问卷的指导语中，强调本书研究的保密性，以及答案没有正误之分，请受试者真实填答；（2）在问卷设计中，尽量将题目顺序打乱，并设计反向积分题目，防止填答惯性。此外，本书的因变量结构相似性效应的取值为几个变量计算的结果，亦可以降低同源偏差。

在前期设计的基础上，本书仍然采用波达克夫和奥根（Podsakoff and Organ，1986）建议的哈曼单因子检测方法对同源偏差进行分析，以检测本书受同源偏差的影响程度。该方法的操作将问卷中所有变量的测量题目放入同一探索性因子分析中，检验未旋转的因子分析结果，如果仅得到一个因子或者某个因子的解释力特别强劲时，表明数据存在严重的同源方法偏差。遵循这一步骤，研究者使用 SPSS 22.0 将问卷中的变量题目放入探索性因子进行分析。其中 KMO 值为 0.677，卡方值为 15185.8，df 值为 5151，显著性为 0.00。探索性因子分析结果显示，所有题目在未旋转时提取到 30 个因子，第一个因子解释方差为 9.26%。可见，本书并不存在明显的同源方法偏差。

5.1.4　信度检验与效度检验

取样代表性以及样本分布是保证数据质量的前提。接下来，本部分将检验测量的信度和效度，以确保测量工具能够真实有效地反应所考察的理

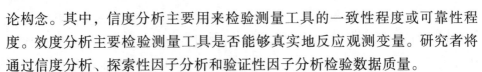

论构念。其中，信度分析主要用来检验测量工具的一致性程度或可靠性程度。效度分析主要检验测量工具是否能够真实地反应观测变量。研究者将通过信度分析、探索性因子分析和验证性因子分析检验数据质量。

5.1.4.1　因变量的信度和效度检验

本书的因变量是机会信念。本书对每个情景中机会信念的测量借鉴了格雷瓜尔、谢泼德和兰伯特（2010）开发的机会信念量表。该量表共有 5 道题目组成，其中 3 道题目测量市场与技术之间的匹配性，2 道题目测量机会的可行性（具体描述见第 4 章第 4.2 节）。格雷瓜尔和谢泼德（2012）的研究表明，该测量方式具有良好的信度和效度，5 道题目形成单一维度，共同反映了受试者在某个具体情景中的机会信念。本书中所得到的四个情境机会信念的描述分析见表 5 – 5。

表 5 – 5　　　　　　　　四个情境机会信念的测量描述和信度分析

情境机会	均值	标准差	偏度	峰度	CITC	删除该条后 α	总体 α
技术 A 能够解决所描述市场的问题	– 0.60	1.778	0.220	– 1.320	0.779	0.900	
技术 A 能够满足所描述市场的需求	– 0.48	1.724	0.056	– 1.312	0.804	0.895	
技术 A 的用途和市场需求是匹配的	– 0.48	1.763	0.087	– 1.328	0.835	0.889	0.92
将技术 A 应用到所描述的市场是一个可行的机会	– 0.07	1.784	– 0.168	– 1.235	0.742	0.908	
技术 A 能充分应用到所描述市场并带来利润	– 0.38	1.743	0.105	– 1.056	0.777	0.901	
技术 B 能够解决所描述市场的问题	0.03	1.834	– 0.235	– 1.170	0.766	0.907	
技术 B 能够满足所描述市场的需求	0.06	1.788	– 0.279	– 1.116	0.806	0.899	
技术 B 的用途和市场需求是匹配的	0.03	1.804	– 0.236	– 1.173	0.844	0.891	0.92
将技术 B 应用到所描述的市场是一个可行的机会	0.26	1.797	– 0.424	– 1.025	0.806	0.899	
技术 B 能充分应用到所描述市场并带来利润	0.03	1.687	– 0.201	– 0.855	0.741	0.911	

续表

情境机会	均值	标准差	偏度	峰度	CITC	删除该条后 α	总体 α
技术 C 能够解决所描述市场的问题	−0.49	1.787	0.073	−1.293	0.846	0.927	
技术 C 能够满足所描述市场的需求	−0.47	1.773	0.076	−1.250	0.882	0.920	
技术 C 的用途和市场需求是匹配的	−0.45	1.777	0.019	−1.334	0.883	0.920	0.94
将技术 C 应用到所描述的市场是一个可行的机会	−0.24	1.777	−0.092	−1.307	0.839	0.928	
技术 C 能充分应用到所描述市场并带来利润	−0.37	1.793	0.046	−1.145	0.757	0.943	
技术 D 能够解决所描述市场的问题	1.20	1.492	−0.963	0.384	0.803	0.951	
技术 D 能够满足所描述市场的需求	1.22	1.444	−1.063	0.802	0.897	0.934	
技术 D 的用途和市场需求是匹配的	1.34	1.400	−1.033	0.661	0.905	0.933	0.95
将技术 D 应用到所描述的市场是一个可行的机会	1.38	1.377	−1.133	0.975	0.868	0.939	
技术 D 能充分应用到所描述市场并带来利润	1.22	1.459	−0.855	0.299	0.855	0.941	

资料来源：笔者整理。

从表 5-5 中可以看出，A 情景（低结构高表面相似性）的机会信念测量题目的均值处于 −1～0 之间，可见，创业者并不认为情景 A 构成机会。B 情景（高结构低表面相似性）的机会信念测量题目取值处于 0～1，虽然各个题目均值为正，但是创业者亦没有对情景 B 形成较高的机会信念。C 情景（低结构低表面相似性）的机会信念测量题目取值也处于 −1～0 之间，创业者不认同情景 C 为机会。D 情景的机会信念得分处在 1～2 之间，创业者表现出对情景 D 的积极机会信念。此外，测量题项的偏度小于 2，峰度小于 5，基本可以判定数据符合正态分布。量表中单项与总和项之间的相关系数（corrected item-total correlation，CITC）处于 0.741～0.905 之间，反映了量表的良好信度。Cronbach Alpha 值处于 0.92～0.95 之间，表明了较高的信度水平。

表 5-6 呈现了四个情景机会信念的探索性因子分析结果。由表 5-6 可知，KMO 值为 0.871，大于 0.7，说明样本数量充分。Bartlett 球形检验

显著性水平为0.000，说明各条目相互关联，适合做因子分析。采用主成分分析法，抽取特征根大于1的因子，共得到4个因子，每个题目的因子载荷皆大于0.7。四个情景的机会信念分别落到了不同的因子上，每一情境中的机会信念题目落于同一因子，因子方差累积贡献率为79.53%。可见，机会信念的测量量表具有较好效度。此外，不同情景的机会信念之间体现出了区分性，从侧面验证了情景设置的合理性。

表5-6　　　　　　　四个情境机会信念的探索性因子分析结果

维度	测量条目	因子1	因子2	因子3	因子4
机会信念 D	技术D的用途和市场需求是匹配的	0.933			
	技术D能够满足所描述市场的需求	0.925			
	技术D能充分应用到所描述市场并带来利润	0.913			
	将技术D应用到所描述的市场是一个可行的机会	0.906			
	技术D能够解决所描述市场的问题	0.862			
机会信念 A	技术A的用途和市场需求是匹配的		0.853		
	技术A能够满足所描述市场的需求		0.839		
	技术A能够解决所描述市场的问题		0.825		
	技术A能充分应用到所描述市场并带来利润		0.800		
	将技术A应用到所描述的市场是一个可行的机会		0.788		
机会信念 B	将技术B应用到所描述的市场是一个可行的机会			0.869	
	技术B的用途和市场需求是匹配的			0.867	
	技术B能够解决所描述市场的问题			0.848	
	技术B能够满足所描述市场的需求			0.841	
	技术B能充分应用到所描述市场并带来利润			0.787	
机会信念 C	将技术C应用到所描述的市场是一个可行的机会				0.850
	技术C能够满足所描述市场的需求				0.829
	技术C的用途和市场需求是匹配的				0.825
	技术C能充分应用到所描述市场并带来利润				0.802
	技术C能够解决所描述市场的问题				0.782

续表

维度	测量条目	因子 1	因子 2	因子 3	因子 4
	KMO 值	0.871			
	Chi – Square	5152.00			
	d. f.	190			
	Sig.	0.000			
	因子方差累积贡献率（%）	79.53%			

资料来源：笔者整理。

表 5 - 7 以机会信念 C（机会场景 C 代表了真实的机会情景）为例，报告了调节定向测量模型的拟合指标以及理想指标，由表 5 - 7 可知，除 RM-SEA 和 RMR 两个指标略大约 0.05，GFI 指标略小于 0.9 以外，其余指数基本处在可以接受的范围内，表明模型效度良好。

表 5 - 7　　　　　　　　机会信念测量模型的拟合指标

指标	RMSEA	RMR	NFI	CFI	GFI
期望优度	< 0.05	< 0.05	> 0.9	> 0.9	> 0.9
测量模型	0.083	0.068	0.925	0.930	0.850

资料来源：笔者整理。

在以上分析的基础上，研究者对四个情景中机会信念的基本特征和情景间机会信念的差异性进行了检验。表 5 - 8 显示了四个情景机会信念的描述性统计结果，由表 5 - 8 可知，受试者机会信念 A 和机会信念 C 的均值为负，表明本书所调研的创业者基本能够判断低结构相似性的情景并不构成机会。机会信念 D 的均值为正，且偏高，表明在结构相似性和表面相似性皆高的情景中，创业者也能做出准确判断，形成较高机会信念。然而，机会信念 B 的均值虽然为正，但是接近于 0，表明在结构相似性高、表面相似性低的不确定情景中，创业者的机会信念并不明确。

表5-8　　　　　　　　　　　四种机会信念的描述性统计

指标	机会信念 A	机会信念 B	机会信念 C	机会信念 D
	低结构高表面相似性	高结构低表面相似性	低结构低表面相似性	高结构高表面相似性
均值	-2.06	0.36	-2.04	6.35
标准差	7.6	7.74	8.00	6.58
最小值	-15	-15	-15	-15
最大值	15	15	15	15

资料来源：笔者整理。

表5-9反映了四个情景之间的差异性分析。由表5-9可知，机会信念C与机会信念D之间存在显著差异（t=-11.90，p<0.01）；机会信念B与机会信念D之间存在显著差异（t=-9.87，p<0.01）；机会信念A与机会信念D之间存在显著差异（t=-12.60，p<0.01）。机会信念B与机会信念C之间存在显著差异（t=4.78，p<0.01）；机会信念A与机会信念B之间存在显著差异（t=4.51，p<0.01）；机会信念A与机会信念C之间的差异不显著（t=0.035）。可见，结构相似性表面相似性双高的情景中，创业者的机会信念最高；结构相似性高而表面特征缺失的情景中，创业者的机会信念居于其次；而在结构相似性低的两个情景中，创业者的机会信念最低。

表5-9　　　　　　　　　　　情景之间的差异性检验

维度	机会信念 B	机会信念 A	机会信念 D
	高低	低高	高高
低低（C）	4.78***	0.035	-11.90***
高低（B）		4.51***	-9.87***
低高（A）			-12.60***

注：* 表示 p<0.10，** 表示 p<0.05，*** 表示 p<0.01。
资料来源：笔者整理。

5.1.4.2　认知风格的信度和效度检验

本书的重要自变量之一是认知风格。测量方式参考艾伦森和哈耶斯

（1996）编制的认知风格量表。该量表共由38道题目组成，其中21道题目测量分析式思维，为正向计分题，17道题目测量直觉式思维，为反向计分题。其测量描述和信度分析如表5-10所示。由表5-10可知，正向计分题目的均值处于1.74~2.88之间，反向计分题目的均值处在1.80~2.55之间。此外，测量题项的偏度小于2，峰度小于5，基本可以判定数据符合正态分布。Cronbach Alpha值为0.68，信度水平处于可接受范围内。

表5-10 认知风格的测量描述和信度分析

整体 α = 0.68	题目	均值	标准差	偏度	峰度	删除该条后 α
分析式（正向计分题）	根据我的经验，理性思考是决策的可靠基础	2.88	0.391	-3.363	1.188	0.673
	为了解决问题，我必须仔细研究问题的每个部分	2.72	0.526	-1.738	2.152	0.670
	当工作任务有一个清晰的次序安排时，我会最有效率	2.88	0.392	-3.347	1.073	0.670
	我与那些爱冒险而不在更细致层面考虑问题的人共事有困难	1.93	0.740	0.107	-1.162	0.676
	工作时，我会严格遵守规章制度	2.46	0.637	-0.768	-0.430	0.664
	如果胜算不大，我不会行动	2.25	0.690	-0.383	-0.874	0.674
	我对问题的理解更多地源于透彻分析而不是灵光一现	2.64	0.541	-1.129	0.266	0.673
	在工作时，我试图遵循惯例	2.03	0.762	-0.050	-1.273	0.667
	我最喜欢的是那种需要逻辑、一步步分析的工作	2.45	0.676	-0.825	-0.475	0.663
	我很少不假思索就做出决定	2.38	0.726	-0.710	-0.794	0.673
	时间充裕的情况下，我会全方位地考虑每一种可能性	2.81	0.461	-2.491	1.611	0.667
	避免伤害其他人的感觉对工作的成功很重要	2.49	0.700	-1.014	-0.287	0.660
	对我来说理解问题的最佳方式是将其分解	2.68	0.506	-1.207	0.359	0.670

续表

整体 α=0.68	题目	均值	标准差	偏度	峰度	删除该条后 α
分析式（正向计分题）	在下结论之前，我总是关注细节	2.38	0.731	−0.717	−0.807	0.664
	我的人生哲学是保证安全比冒险后的遗憾更好	2.00	0.829	0.000	−1.544	0.667
	决策时，我会花时间彻底考虑所有相关因素	2.47	0.710	−0.973	−0.391	0.665
	我与安静、有思想的人最合得来	2.49	0.632	−0.842	−0.321	0.663
	大多数人认为我是一个有逻辑的思考者	2.58	0.616	−1.173	0.310	0.671
	我需要知道原理才能充分理解事实	2.56	0.630	−1.147	0.214	0.663
	我喜欢详细、有条不紊的工作	2.47	0.689	−0.930	−0.375	0.670
	我的问题解决方式是每次只关注一个部分	1.74	0.758	0.474	−1.118	0.662
直觉式（反向计分题）	读报告时，我倾向于大致浏览而非仔细阅读	2.24	0.813	−0.470	−1.333	0.669
	我更喜欢无秩序的作为，而不是有秩序的不作为	2.09	0.804	−0.171	−1.433	0.678
	我发现细致、分析式的决策方式太费时	1.80	0.771	0.356	−1.235	0.673
	适当冒险时，我会进步最大	2.55	0.619	−1.044	0.042	0.667
	当执行某些任务时，我发现自己可能太过于有条理了	2.20	0.719	−0.313	−1.025	0.672
	我的很多决策是依靠直觉	1.93	0.783	0.125	−1.356	0.676
	相比遵循固定模式，我宁愿我的人生不可预测	2.35	0.722	−0.641	−0.846	0.669
	我与那些喜欢顺其自然的人一起工作更佳	2.12	0.780	−0.218	−1.324	0.664
	我总是在寻求新体验	2.48	0.661	−0.887	−0.339	0.662
	开会时，我要说的比大多数人都多	1.99	0.799	0.020	−1.431	0.675
	做决定时，我的直觉与细致的分析一样有效	2.37	0.683	−0.633	−0.707	0.671

续表

整体 α = 0.68	题目	均值	标准差	偏度	峰度	删除 该条后 α
直觉式 （反向计分题）	我是那种不拘小节的人	2.47	0.747	− 1.025	− 0.453	0.671
	做决定后我就会付诸行动，而不是去 分析每一个细枝末节	2.41	0.727	− 0.819	− 0.674	0.673
	我总是做好冒险的准备	2.34	0.676	− 0.541	− 0.749	0.672
	在我的工作中，常规的计划更多的是 一种羁绊而不是帮助	1.88	0.771	0.201	− 1.292	0.663
	与事实和数字相比，我更擅长创意	2.20	0.729	− 0.323	− 1.070	0.667
	我发现过度的分析总是导致工作的 停滞	2.19	0.761	− 0.283	− 1.122	0.669

资料来源：笔者整理。

5.1.4.3 知识的信度和效度检验

知识也是本书的重要自变量。本书所考察的知识为创业者对所描述的技术和市场的了解程度，测量方式参考格雷瓜尔和谢泼德（2012）的研究。其测量描述和信度分析如表 5 − 11 所示。由表 5 − 11 可知，对所描述技术的知识水平均值处于 3.8 ~ 4.2；对所描述市场的知识水平均值分别为 4.46 和 4.63。可见，创业者对市场的了解程度要高于对技术的了解程度。此外，测量题项的偏度小于 2，峰度小于 5，基本可以判定数据符合正态分布。量表中单项与总和项之间的相关系数（CITC）处于 0.742 ~ 0.850 之间，反映了量表的良好信度。技术知识和市场知识测量题项的 Cronbach Alpha 值分别为 0.89 和 0.95，表明了较高的信度水平。

表 5 − 12 呈现了技术知识和市场知识的探索性因子分析结果。由表 5 − 12 可知，KMO 值为 0.849，大于 0.7，说明样本数量充分。Bartlett 球形检验显著性水平为 0.000，说明各条目相互关联，适合做因子分析。采用主成分分析法，抽取特征根大于 1 的因子，共得到 2 个因子，每个题目的因子载荷皆大于 0.7。受试者对四种技术的知识水平落到同一因子上，对所描述市场的知识水平落在另一因子上。两个因子方差累积贡献率为 78.01%。可见，市场知识和技术知识的测量量表具有较好效度。

表 5 - 11　　　　　　　技术知识和市场知识的测量描述和信度分析

您在多大程度上了解	均值	标准差	偏度	峰度	CITC	删除该条后 α	总体 α
呈现的技术 A	3.96	1.436	-0.255	-0.945	0.800	0.943	
技术 A 背后的科学和工程原理	3.90	1.469	-0.409	-0.812	0.822	0.941	
呈现的技术 B	4.00	1.488	-0.289	-0.659	0.825	0.941	
技术 B 背后的科学和工程原理	3.94	1.518	-0.203	-0.729	0.811	0.942	0.95
呈现的技术 C	3.88	1.446	-0.232	-0.736	0.829	0.941	
技术 C 背后的科学和工程原理	3.80	1.431	-0.212	-0.688	0.850	0.940	
呈现的技术 D	4.21	1.520	-0.016	0.554	0.742	0.947	
技术 D 背后的科学和工程原理	4.10	1.503	-0.347	-0.640	0.818	0.942	
所描述的市场需求	4.63	1.409	-0.744	0.010	0.801		0.89
市场需求的影响因素和解决方案	4.46	1.380	-0.670	0.037	0.801		

　　注：由于四种技术之间具有高度相关性，受试者表现出趋同的知识水平，因此，此处将其合并为一个量表计算 Cronbach Alpha 值，具体相关系数将在后文呈现。

　　资料来源：笔者整理。

表 5 - 12　　　　　　　技术知识和市场知识的探索性因子分析结果

维度	测量条目	因子 1	因子 2
技术知识	技术 C 背后的科学和工程原理	0.877	
	技术 A 背后的科学和工程原理	0.869	
	技术 B 背后的科学和工程原理	0.856	
	呈现的技术 B	0.829	
	呈现的技术 C	0.819	
	呈现的技术 A	0.790	
	技术 D 背后的科学和工程原理	0.784	
	呈现的技术 D	0.700	
市场知识	所描述的市场需求		0.913
	市场需求的影响因素和解决方案		0.899

续表

维度	测量条目	因子1	因子2
	KMO 值	0.849	
	Chi – Square	2558.00	
	d. f.	45	
	Sig.	0.000	
	因子方差累积贡献率（%）	78.01	

资料来源：笔者整理。

5.1.4.4 调节定向的信度和效度检验

表5－13 反映了调节定向的测量描述和信度分析。由表5－13 可知，预防定向的均值处于 3～6 之间，促进定向的均值基本处于 4～6 之间，可见受试者表现出更强的促进定向倾向。此外，测量题项的偏度小于 2，峰度小于 5，基本可以判定数据符合正态分布。量表中单项与总和项之间的相关系数（CITC）基本高于 0.4 之间，反映了量表的良好信度。预防定向的 Cronbach Alpha 值为 0.71，促进定向的 Cronbach Alpha 值为 0.79，表明了信度水平良好。

表5－13　　　　　　　　　调节定向的测量描述和信度分析

维度	题目	均值	标准差	偏度	峰度	CITC	删除该条后 α	总体 α
预防定向	我总是关注如何避免人生中的消极事件	4.68	1.579	– 0.500	– 0.741	0.379	0.682	0.71
	我很担忧自己没能很好地履行应尽的职责和义务	4.70	1.609	– 0.773	– 0.414	0.388	0.680	
	我经常想起自己将来不想成为的人的样子	3.43	1.736	0.349	– 1.081	0.409	0.676	
	求学期间我经常担忧自己会完不成学业目标	3.01	1.758	0.533	– 0.971	0.476	0.661	
	我经常会想象自己正经历害怕发生的坏事	3.27	1.630	0.464	– 0.831	0.500	0.658	

续表

维度	题目	均值	标准差	偏度	峰度	CITC	删除该条后 α	总体 α
预防定向	我经常会考虑如何才能避免人生中的失败	4.60	1.608	-0.577	-0.662	0.476	0.663	0.71
	相比获取收益，我更关注如何避免损失	4.40	1.532	-0.334	-0.690	0.337	0.689	
	我求学期间的目标是避免学术失败	3.25	1.622	0.465	-0.808	0.378	0.701	
	我正努力成为应该成为的样子–履行职责和义务	5.67	1.162	-1.406	2.986	0.345	0.716	
促进定向	我时常设想如何才能实现自己的愿望和抱负	5.63	1.279	-1.513	2.541	0.528	0.764	0.79
	我经常想起自己将来想要成为的人的样子	5.25	1.494	-0.994	0.373	0.596	0.753	
	我通常关注将来所希望获得的成功	5.32	1.324	-1.040	0.858	0.614	0.752	
	求学期间我经常考虑如何才能实现学术目标	4.63	1.626	-0.621	-0.479	0.426	0.780	
	我求学期间的目标是实现学术理想	3.97	1.707	-0.075	-1.169	0.260	0.809	
	我正努力成为理想的样子–实现理想、愿望和抱负	5.81	0.985	-0.864	1.586	0.549	0.766	
	我通常关注积极结果的获取	5.75	1.005	-1.051	2.116	0.601	0.761	
	我经常想象自己正体验我所期望发生的事情	5.14	1.380	-0.788	0.244	0.445	0.775	
	总体来讲，相比避免失败，我更关注如何获取成功	5.48	1.348	-1.087	0.969	0.473	0.771	

资料来源：笔者整理。

表 5-14 报告了调节定向测量模型的拟合指标以及理想指标，由表 5-14 可知，RMSEA 和 RMR 两个指标略小，约 0.05，其余指数基本处在可以接受的范围内，表明模型效度良好。

表 5-14 调节定向测量模型的拟合指标

指标	RMSEA	RMR	NFI	CFI	GFI
期望优度	<0.05	<0.05	>0.9	>0.9	>0.9
测量模型	0.076	0.068	0.925	0.901	0.948

资料来源：笔者整理。

5.1.4.5 情绪的信度和效度检验

表 5-15 反映了情绪的测量描述和信度分析。由表 5-15 可知，消极情绪的均值处于 2~3 之间，积极情绪的均值处于 3~5 之间，可见受试者表现出更高的积极情绪水平，这也与创业者具有较高的积极情绪特质的结论相一致。此外，测量题项的偏度小于 2，峰度小于 5，基本可以判定数据符合正态分布。量表中单项与总和项之间的相关系数（CITC）基本高于 0.4，反映了量表的良好信度。积极情绪的 Cronbach Alpha 值为 0.81，消极情绪的 Cronbach Alpha 值为 0.70，表明了信度水平良好。

表 5-15 情绪的测量描述和信度分析

维度	测量条目	均值	标准差	偏度	峰度	CITC	删除该条后 α	总体 α
消极情绪	1. 不安	2.59	1.092	0.376	-0.682	0.670	0.745	0.81
	3. 战战兢兢	2.42	1.174	0.491	-0.747	0.596	0.769	
	5. 急躁	2.37	1.003	0.521	-0.309	0.495	0.797	
	6. 紧张	2.65	1.067	0.168	-0.918	0.588	0.771	
	8. 忧虑	2.88	1.155	-0.081	-0.989	0.616	0.762	
积极情绪	2. 热情	4.19	0.720	-0.962	1.883	0.527	0.622	0.70
	4. 自豪	3.65	0.947	-0.572	-0.049	0.380	0.695	
	7. 有灵感	3.89	0.816	-0.745	0.989	0.427	0.662	
	9. 专心	4.26	0.717	-0.860	0.872	0.475	0.642	
	10. 感兴趣	4.42	0.646	-1.264	3.389	0.517	0.632	

资料来源：笔者整理。

表5-16呈现了情绪的探索性因子分析结果。由表5-16可知，KMO值为0.786，大于0.7，说明样本数量充分。Bartlett球形检验显著性水平为0.000，说明各条目相互关联，适合做因子分析。采用主成分分析法，抽取特征根大于1的因子，共得到2个因子，每个题目的因子载荷皆大于0.5。其中消极情绪的测量题目落在因子1上，消极情绪的测量题目落在因子2上。两个因子方差累积贡献率为52.29%。此外，从各项指标来看，模型拟合良好。可见，情绪水平的测量量表具有较好效度。

表5-16　　　　　　　　　　情绪的探索性因子分析结果

维度	测量条目	因子1	因子2	拟合指标
消极情绪	不安	0.788		RMSEA = 0.058 RMR = 0.050 NFI = 0.923 CFI = 0.962 GFI = 0.945
	忧虑	0.767		
	紧张	0.757		
	战战兢兢	0.748		
	急躁	0.671		
积极情绪	热情		0.741	
	感兴趣		0.726	
	专心		0.688	
	有灵感		0.656	
	自豪		0.581	
KMO值		0.786		
Chi – Square		683.00		
d. f.		45		
Sig.		0.000		
因子方差累积贡献率（%）		52.29%		

资料来源：笔者整理。

5.2　回归分析与假设检验

本书主要利用SPSS 22.0统计软件对变量进行差异性检验、相关分析和回归分析等，以此来检验理论模型与假设。

5.2.1　描述性统计和相关性分析

研究者首先对各研究变量进行了描述性统计分析和它们之间的相关性分析，表 5 – 17 呈现了这些研究变量的描述性分析。从表 5 – 17 的描述性统计结果来看，各个变量的取值分布合理。

表 5 – 17　　　　　　　　　　　主要变量的描述性分析汇总

排序	变量	N	最小值	最大值	均值	方差
1	结构相似性效应	267	– 23.00	25.00	5.45	7.80
2	表面相似性效应	267	– 25.00	25.50	3.01	6.55
3	认知风格	262	26.00	63.00	43.71	6.65
4	市场知识	266	2.00	14.00	9.09	2.65
5	技术知识	266	2.00	14.00	7.95	2.54
6	积极情绪	268	11.00	25.00	20.41	2.62
7	消极情绪	267	5.00	25.00	12.94	4.13
8	促进定向	268	10.00	63.00	46.89	7.69
9	预防定向	266	12.00	60.00	37.71	7.89
10	教育水平	267	1	5	3.03	0.81
11	创业经验	267	1	6	1.63	0.97
12	工作年限	267	0	30	5.30	5.40
13	创造性自我效能	266	7.00	21.00	17.17	2.69
14	创新自我效能	266	4.00	28.00	22.33	3.75

资料来源：笔者整理。

表 5 – 18 反映了自变量、控制变量和因变量之间的相关关系。其中，教育水平、工作年限、创业经验、创造性自我效能和创新自我效能等控制变量与表面相似性和结构相似性之间都不存在显著的相关关系。

表 5-18

主要变量间的相关系数矩阵

	变量	1	2	3	4	5	6	7	8	9	10	11	12	13	14
1	结构相似性效应	1													
2	表面相似性效应	0.274***	1												
3	认知风格	0.083	0.076	1											
4	市场知识	0.167***	0.096	0.067	1										
5	技术知识	0.079	0.010	0.069	0.564***	1									
6	积极情绪	-0.008	-0.001	0.085	0.162***	0.149**	1								
7	消极情绪	-0.013	-0.049	-0.188***	-0.162***	-0.011	-0.210***	1							
8	促进定向	0.049	-0.024	0.080	0.110*	0.036	0.407***	-0.105*	1						
9	预防定向	-0.120*	0.033	0.143**	0.022	0.047	0.136**	0.194***	0.318***	1					
10	教育水平	0.043	-0.036	0.010	0.064	0.067	0.091	0.013	0.066	-0.158**	1				
11	创业经验	0.036	0.051	-0.130**	0.055	0.074	0.033	0.022	0.108*	-0.043	-0.008	1			
12	工作年限	-0.027	-0.044	0.053	-0.038	-0.032	-0.034	-0.079	-0.013	-0.028	0.024	0.158**	1		
13	创造性自我效能	0.002	0.014	-0.074	0.122**	0.078	0.372***	-0.170***	0.328***	-0.00	0.045	0.188***	0.135**	1	
14	创新自我效能	-0.055	0.045	-0.026	0.205***	0.158**	0.501***	-0.201***	0.383***	0.099	0.030	0.249***	0.110*	0.742***	1

注: 样本量为 239; * 表示 $p < 0.10$, ** 表示 $p < 0.05$, *** 表示 $p < 0.01$。
资料来源: 笔者整理。

接下来考察自变量与因变量之间的相关关系，自然也是本书关注的重点。

首先，是认知风格与结构相似性的相关。由表5-18可知，认知风格与结构相似性效应之间的相关系数为0.083，呈现正相关但并不显著。此外，认知风格与表面相似性效应之间的相关系数为0.076，低于前者。这与本书假设呈现出相似的趋势。

其次，知识与结构相似性和表面相似性之间相关。市场知识与结构相似性效应之间呈现出显著的正相关（$r = 0.167$，$p < 0.01$）；技术知识与结构相似性效应之间的相关系数为0.079，并未达到显著性水平。对比发现，市场知识与技术知识与表面相似性效应之间的相关并不显著。

再次，积极情绪与表面相似性效应和结构相似性效应之间的相关系数分别为-0.001和-0.008；消极情绪与表面相似性和结构相似性之间的相关系数分别为-0.049和-0.013。四个相关系数皆处于较低水平，可见本书有关情绪对结构相似性效应的促进作用可能并不显著。

最后，促进定向与结构相似性效应呈现正相关，相关系数为0.049；预防定向与结构相似性效应之间的负相关显著（$p = -0.120$；$p < 0.1$）。而促进定向和预防定向与表面相似性效应的关系皆不显著。

相关分析可以部分反映变量之间的关系，但并不准确。首先，考察变量之间的相关关系时，并没有控制和排除其他变量的影响；此外，对相关关系的考察并不能观测出多变量之间的复杂关系。比如，在一般情境中，两个变量之间不存在关系，但是在某个特定的边界条件下，两者会显现出相关关系。因此，相关系数仅是判断变量间关系的参考，接下来，研究者将逐一报告回归分析的结果以及变量间复杂的交互作用关系。

5.2.2 认知风格与结构相似性效应的关系研究

本书首先考察了认知风格对结构相似性效应的影响，并建构层级回归模型。同时，为了证明本书所提出的假设仅成立于形成结构相似性判断的情境，研究者呈现了以表面相似性为因变量的对比[①]，以证明模型的区分效度。认知风格对结构相似性的回归指标如表5－19所示。

表5－19 认知风格对结构相似性效应的回归分析

变量	结构相似性效应		表面相似性效应	
	模型1	模型2	模型3	模型4
教育水平	0.096	0.101	－0.038	－0.038
工作年限	－0.045	－0.056	－0.058	－0.066
创业总数	0.046	0.062	0.054	0.065
创造性自我效能	0.099	0.115	－0.028	－0.017
创新自我效能	－0.137	－0.148	0.062	0.054
认知风格		0.116*		0.082
R^2	0.018	0.042	0.010	0.016
Adjusted R^2	－0.002	0.017	－0.011	－0.009
ΔR^2	0.018	0.024*	0.010	0.007
F	0.893	1.822*	0.463	0.654
VIF(max)	2.40	2.41	2.37	2.38
N, df	242, 5	242, 6	246, 5	246, 6

注：层级回归分析中采用的是强制进入法，表中的系数为标准化系数；* 表示 $p < 0.10$，** 表示 $p < 0.05$，*** 表示 $p < 0.01$。

资料来源：笔者整理。

其中模型1检验了控制变量与结构相似性效应的关系。然而，控制变量与结构相似性效应的关系并不显著。模型的 R^2 仅为0.018，亦未达到显著性水平；VIF(max) 为2.40，小于10，说明并不存在共线性问题。模型2在模型1的基础上加入了自变量认知风格，模型的 R^2 由0.018变为0.042，R^2 变化了0.024，在0.1水平上显著；模型的F值由0.893变为1.822，在0.1水平上显著；VIF(max) 为2.41，小于10，说明并不存在共线性问题。从回归系数上来看，认知风格对结构相似性效应的回归系数为

---

① 表面相似性效应的计算方式为：表面相似性效应＝［当结构相似性高时(表面相似性高 － 表面相似性低)］＋［当结构相似性低时(表面相似性高 － 表面相似性低)］/2，下同。

0.116，在0.1水平上显著。因此，假设1得到验证。相比之下，认知风格对表面相似性的回归指数欠佳，并没有发现分析式思维对表面相似性效应的促进作用。

5.2.3　知识与结构相似性效应的关系研究

假设2考察了知识对结构相似性的促进作用。其中，知识包括对所描述市场和技术的了解程度。由于问卷中呈现了4个机会情景，其中包含四种技术。而四种技术之间具有较大的相关性，表5-20显示了四种技术知识之间的相关性，可见其相关性介于0.7~0.8之间，已经达到很高的水平。因此，在接下来的分析中研究者取四种技术知识的均值来代替被调研者的技术知识水平。这种做法也与先前研究相一致（Gregoire and Shepherd，2012）。

表5-20　　　　　　　　　　　四种技术知识之间的相关

序号	变量	1	2	3	4
1	知识A	1			
2	知识B	0.752 ***	1		
3	知识C	0.800 ***	0.774 ***	1	
4	知识D	0.720 ***	0.740 ***	0.760 ***	1

注：＊表示 $p < 0.10$，＊＊表示 $p < 0.05$，＊＊＊表示 $p < 0.01$。
资料来源：笔者整理。

表5-21呈现了技术知识和市场知识对结构相似性的回归分析结果。其中模型1显示了控制变量的预测水平，整体并不显著。模型2在模型1的基础上加入了技术知识和市场知识，R^2 由0.013增长为0.049，R^2 变化了0.036，在0.05水平上显著；方程的F值为1.736，在0.1水平上显著；VIF(max)为2.56，小于10，说明并不存在共线性问题。从回归系数来看，市场知识对结构相似性的回归系数为0.204，在0.01水平上显著；然而技术知识对结构相似性的回归系数为-0.020，没有达到显著性水平。同时，对比发现，技术知识和市场知识对表面相似性效应并没有预测作用。假设

2b 得到支持，而假设 2a 没有得到支持。

表5-21 知识对结构相似性效应的回归分析

变量	结构相似性效应		表面相似性效应	
	模型1	模型2	模型3	模型4
教育水平	0.097	0.088	-0.041	-0.043
工作年限	-0.030	-0.015	-0.055	-0.050
创业总数	0.035	0.033	0.048	0.048
创造性自我效能	0.052	0.059	-0.046	-0.044
创新自我效能	-0.089	-0.138	0.076	0.061
市场知识		0.204***		0.113
技术知识		-0.020		-0.067
R^2	0.013	0.049	0.009	0.018
Adjusted R^2	-0.007	0.021	-0.011	-0.011
Δadjusted R^2	0.013	0.036**	0.009	0.009
F	0.671	1.736*	0.460	0.628
VIF(max)	2.49	2.56	2.46	2.53
N, df	244, 5	244, 7	248, 5	248, 7

注：层级回归分析中采用的是强制进入法，表中的系数为标准化系数；* 表示 $p < 0.10$，** 表示 $p < 0.05$，*** 表示 $p < 0.01$。

资料来源：笔者整理。

5.2.4 动机与结构相似性效应的关系研究

表 5-22 显示了调节定向对结构相似性效应的回归分析结果。控制变量的模型 1 也没有达到显著性水平。模型 2 中增加了促进定向和预防定向两个变量。其中，R^2 由 0.019 增长为 0.046，R^2 变化了 0.027，在 0.05 水平上显著；模型的 F 值由 0.932 增长为 1.744，在 0.1 水平上显著；VIF(max) 为 2.51，小于 10，说明并不存在共线性问题。回归系数显示，促进定向对结构相似性的回归系数为 0.142，在 0.05 水平上显著；预防定向对结构相似性的回归系数为 -0.150，在 0.05 水平上显著。因此，假设 3 得到支持。相似的结果也没有在表面相似性效应的回归模型中得到。

表 5 - 22   调节定向与结构相似性效应的回归分析

变量	结构相似性效应		表面相似性效应	
	模型 1	模型 2	模型 3	模型 4
教育水平	0.101	0.095	- 0.037	- 0.025
工作年限	- 0.045	- 0.044	- 0.059	- 0.062
创业总数	0.044	0.022	0.054	0.060
创造性自我效能	0.095	0.058	- 0.028	- 0.016
创新自我效能	- 0.130	- 0.139	0.061	0.064
促进定向		0.142 **		- 0.049
预防定向		- 0.150 **		0.056
R^2	0.019	0.046	0.009	0.013
Adjusted R^2	- 0.001	0.018	- 0.011	- 0.16
Δadjusted R^2	0.019	0.027 **	0.009	0.003
F	0.932	1.744 *	0.457	0.466
VIF(max)	2.40	2.51	2.37	2.48
N, df	247, 5	247, 7	251, 5	251, 7

注：层级回归分析中采用的是强制进入法，表中的系数为标准化系数；* 表示 $p < 0.10$，** 表示 $p < 0.05$，*** 表示 $p < 0.01$。

资料来源：笔者整理。

5.2.5   情绪与结构相似性效应的关系研究

表 5 - 23 显示了情绪与结构相似性效应的回归分析结果。同之前两个回归模型相似，仅包括控制变量的模型 1 并不显著。模型 2 中增加了积极情绪和消极情绪两个变量，但是整体模型、R^2 变化和回归系数都没有达到显著性水平。因此，假设 4 没有得到验证。

表 5 - 23   情绪与结构相似性效应的回归分析

变量	结构相似性效应		表面相似性效应	
	模型 1	模型 2	模型 3	模型 4
教育水平	0.105	0.107	- 0.036	- 0.032

续表

变量	结构相似性效应		表面相似性效应	
	模型1	模型2	模型3	模型4
工作年限	−0.030	−0.032	−0.053	−0.059
创业总数	0.045	0.047	0.056	0.056
创造性自我效能	0.124	0.123	−0.024	−0.023
创新自我效能	−0.152	−0.158	0.057	0.070
积极情绪		−0.005		−0.045
消极情绪		−0.042		−0.044
R^2	0.021	0.023	0.009	0.012
Adjusted R^2	0.001	−0.006	−0.011	0.012
Δadjusted R^2	0.021	0.002	0.009	0.003
F	1.046	0.800	0.436	0.408
VIF(max)	2.40	2.76	2.37	2.73
N,df	245,5	245,7	249,5	249,7

注：层级回归分析中采用的是强制进入法，表中的系数为标准化系数；＊表示 $p < 0.10$，＊＊表示 $p < 0.05$，＊＊＊表示 $p < 0.01$。

资料来源：笔者整理。

5.2.6　认知系统和心理系统的交互作用

5.2.6.1　认知风格与知识的交互作用检验

接下来将逐一考察认知系统与心理系统的交互作用。从前面的假设检验中可知，分析式风格对结构相似性效应有促进作用，而技术知识的促进作用并不显著，接下来将考察认知风格与技术知识之间的交互作用。表5-24中，模型1为仅包含控制变量的模型，整体并不显著，模型2在模型1的基础上加入了两个自变量，即技术知识和认知风格。R^2 变化为0.019，在0.1水平上显著；整个方程的F值为1.910，在0.1水平上显著；VIF(max)为2.50，小于10，说明并不存在共线性问题。模型3在模型2的基础上加入了认知风格和技术知识的交互项，R^2 由0.044增长为0.059，R^2 变化了0.015，在0.1水平上显著；方程的F值为2.101，方程在0.1水平上显著；

VIF(max) 为 2.50，小于 10，说明并不存在共线性问题。由表 5-24 可知，认知风格与技术知识交互项的回归系数为 -0.126，在 0.1 水平上显著。因此，假设 5a 得到验证，技术知识水平会减弱分析式思维对结构相似性的促进作用。

表 5-24　　　　认知风格与技术知识对结构相似性效应的交互作用分析

变量	结构相似性效应			表面相似性效应		
	模型 1	模型 2	模型 3	模型 4	模型 5	模型 6
教育水平	0.095	0.095	0.104	-0.041	-0.040	-0.040
工作年限	-0.041	-0.048	-0.049	-0.059	-0.067	-0.067
创业总数	0.046	0.057	0.058	0.053	0.065	0.067
创造性自我效能	0.070	0.087	0.106	-0.036	-0.025	-0.018
创新自我效能	-0.106	-0.131	-0.127	0.068	0.063	0.064
认知风格		0.109 *	0.103		0.084	0.082
技术知识		0.077	0.082		-0.010	-0.007
认知风格 × 技术知识			-0.126 *			-0.049
R^2	0.015	0.044	0.059	0.010	0.017	0.019
Adjusted R^2	-0.006	0.021	0.036	-0.011	-0.012	-0.014
Δadjusted R^2	0.015	0.019 *	0.015 *	0.010	0.007	0.002
F	0.719	1.910 *	2.101 *	0.484	0.580	0.575
VIF(max)	2.45	2.50	2.50	2.42	2.47	2.47
N, df	244, 5	244, 7	244, 8	244, 5	244, 7	244, 8

注：层级回归分析中采用的是强制进入法，表中的系数为标准化系数；* 表示 $p < 0.10$，** 表示 $p < 0.05$，*** 表示 $p < 0.01$。

资料来源：笔者整理。

为了使该结果表现得更为清晰，研究者绘制了交互作用图。如图 5-1 所示，当技术知识低于一个标准差时，分析式思维对结构相似性效应表现出促进作用；而当技术知识高于一个标准差时，认知风格与结构相似性效应的关系并不明朗，这表明在技术知识水平高的情况下，会放松对信息加工方式的要求。

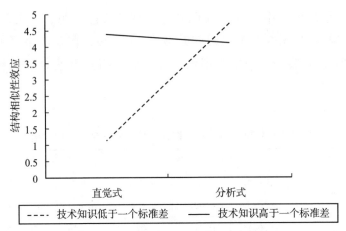

图 5 - 1　认知风格和技术知识的交互作用

　　表 5 - 25 反映了认知风格与市场知识对结构相似性的交互作用结果。其中，模型 2 在仅包括控制变量的模型 1 的基础上增加了认知风格和市场知识两个自变量。R^2 由 0.015 增长为 0.066，R^2 变化了 0.051，在 0.01 水平上显著；方程的 F 值为 2.355，在 0.01 水平上显著；VIF(max) 为 2.53，小于 10，说明并不存在共线性问题。模型 3 在模型 2 的基础上增加了认知风格和市场知识交互项，R^2 由 0.066 增长为 0.074，R^2 变化了 0.008，并未达到显著性水平。交互项的回归系数为 - 0.089，也没有达到显著性水平，因此，假设 5b 没有得到验证。

表 5 - 25　　　认知风格与市场知识对结构相似性效应交互作用分析

变量	结构相似性效应			表面相似性效应		
	模型 1	模型 2	模型 3	模型 4	模型 5	模型 6
教育水平	0.095	0.091	0.094	- 0.041	- 0.044	- 0.044
工作年限	- 0.039	- 0.037	- 0.036	- 0.055	- 0.059	- 0.057
创业总数	0.035	0.047	0.043	0.047	0.056	0.053
创造性自我效能	0.072	0.091	0.110	- 0.045	- 0.034	- 0.021
创新自我效能	- 0.115	- 0.172 *	- 0.177 *	0.076	0.053	0.050
认知风格		0.111 *	0.105 *		0.084	0.080
市场知识		0.191 ***	0.186 ***		0.072	0.070

变量	结构相似性效应			表面相似性效应		
	模型1	模型2	模型3	模型4	模型5	模型6
认知风格×市场知识			-0.089			-0.061
R^2	0.015	0.066	0.074	0.010	0.023	0.026
Adjusted R^2	-0.006	0.038	0.042	-0.011	-0.006	-0.007
Δadjusted R^2	0.015	0.051***	0.008	0.010	0.013	0.004
F	0.728	2.355***	2.305***	0.460	0.782	0.793
VIF(max)	2.46	2.53	2.53	2.43	2.50	2.50
N, df	244, 5	244, 7	244, 8	244, 5	244, 7	244, 8

注：层级回归分析中采用的是强制进入法，表中的系数为标准化系数；* 表示 $p < 0.10$，** 表示 $p < 0.05$，*** 表示 $p < 0.01$。

资料来源：笔者整理。

5.2.6.2 动机与知识的交互作用检验

表 5-26 为促进定向与技术知识对结构相似性效应的交互分析结果。模型 1 为控制变量对因变量的预测模型，模型 2 在模型 1 的基础上加入了技术知识与促进定向两个因变量。R^2 由 0.015 增长为 0.028，R^2 变化了 0.013，并未达到显著性水平；方程的 F 值也尚未显著。模型 3 在模型 2 的基础上增加了技术知识与促进定向的交互项，方程的 R^2 由 0.028 增长为 0.049，R^2 变化为 0.021，在 0.1 水平上显著；方程的 F 值为 1.798，在 0.1 水平上显著；VIF(max) 为 2.63，说明并不存在共线性问题。从回归系数可以看出，促进定向与技术知识交互项的回归系数为 0.106，在 0.1 水平上显著。因此，假设 6a 得到验证。

表 5-26　　促进定向与技术知识对结构相似性效应的交互作用分析

变量	结构相似性效应			表面相似性效应		
	模型1	模型2	模型3	模型4	模型5	模型6
教育水平	0.095	0.097	0.089	-0.041	-0.040	-0.038
工作年限	-0.037	-0.026	-0.032	-0.058	-0.062	-0.061

续表

变量	结构相似性效应			表面相似性效应		
	模型 1	模型 2	模型 3	模型 4	模型 5	模型 6
创业总数	0.046	0.041	0.029	0.054	0.056	0.061
创造性自我效能	0.073	0.068	0.067	−0.034	−0.031	−0.031
创新自我效能	−0.107	−0.153	−0.140	0.065	0.080	0.077
技术知识		0.086	0.064		−0.009	0.000
促进定向		0.087	0.084		−0.041	−0.040
技术知识×促进定向			0.106*			−0.042
R^2	0.015	0.028	0.049	0.010	0.011	0.013
Adjusted R^2	−0.005	0.012	0.026	−0.011	−0.017	−0.020
Δadjusted R^2	0.015	0.013	0.021*	0.010	0.001	0.002
F	0.741	0.992	1.798*	0.480	0.391	0.393
VIF(max)	2.44	2.62	2.63	2.42	2.60	2.60
N,df	250,5	250,7	250,8	250,5	250,7	250,8

注：层级回归分析中采用的是强制进入法，表中的系数为标准化系数；* 表示 $p < 0.10$，** 表示 $p < 0.05$，*** 表示 $p < 0.01$。

资料来源：笔者整理。

为了更清晰地呈现研究结果，研究者绘制了交互作用图。如图 5-2 所示，在促进定向高于一个标准差时，技术知识与结构相似性效应呈正相关；在促进定向低于一个标准差时，技术知识与结构相似性的关系呈微弱负相关。

表 5-27 呈现了促进定向与市场知识对结构相似性效应的交互作用分析结果。模型 3 在模型 2 的基础上加入了促进定向与市场知识的交互项。由表 5-27 可知，模型 2 到模型 3 的 R^2 变化为 0，回归系数为 −0.004，都远未达到显著性水平。因此，假设 6b 没有得到验证。

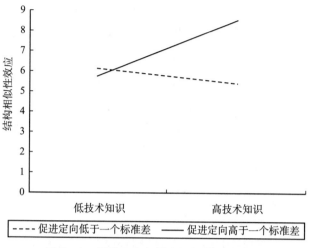

图 5 - 2　促进定向与技术知识的交互作用

表 5 - 27　　促进定向与市场知识对结构相似性效应的交互作用分析

变量	结构相似性效应			表面相似性效应		
	模型 1	模型 2	模型 3	模型 4	模型 5	模型 6
教育水平	0.098	0.094	0.094	- 0.038	- 0.041	- 0.041
工作年限	- 0.031	- 0.013	- 0.013	- 0.052	- 0.050	- 0.049
创业总数	0.030	0.028	0.028	0.044	0.043	0.040
创造性自我效能	0.075	0.075	0.075	- 0.044	- 0.038	- 0.039
创新自我效能	- 0.116	- 0.188	- 0.188	0.073	0.070	0.074
市场知识		0.194 ***	0.195 ***		0.079	0.073
促进定向		0.069	0.068		- 0.045	- 0.043
市场知识 × 促进定向			- 0.004			0.033
R^2	0.015	0.056	0.056	0.008	0.016	0.017
Adjusted R^2	- 0.005	0.029	0.025	- 0.012	- 0.013	- 0.016
Δadjusted R^2	0.015	0.041 ***	0.000	0.008	0.007	0.001
F	0.756	2.040 **	1.778 *	0.412	0.554	0.515
VIF(max)	2.45	2.65	2.68	2.42	2.62	2.64
N, df	250, 5	250, 7	250, 8	250, 5	250, 7	250, 8

注：层级回归分析中采用的是强制进入法，表中的系数为标准化系数；* 表示 $p < 0.10$，** 表示 $p < 0.05$，*** 表示 $p < 0.01$。

资料来源：笔者整理。

表 5 - 28 为预防定向与技术知识对结构相似性效应的交互作用分析结果。模型 2 在仅包括控制变量的模型 1 的基础上增加了预防定向和技术知识。R^2 由 0.016 变为 0.034，R^2 变化了 0.018，在 0.1 水平上显著；方程的 F 值为 1.801，在 0.1 水平上显著；VIF(max) 为 2.54，说明并不存在共线性问题。模型 3 在模型 2 的基础上加入了技术知识与预防定向的交互项，R^2 由 0.034 变为 0.066，R^2 变化了 0.032，在 0.01 水平上显著；整个方程 F 值为 2.084，在 0.05 水平上显著；VIF(max) 为 2.55，说明并不存在共线性问题。回归系数显著，预防定向与技术知识对结构相似性效应的回归系数为 - 0.181，在 0.01 水平上显著。因此，假设 6c 得到验证。

表 5 - 28　　　　预防定向与技术知识对结构相似性效应交互作用分析

变量	结构相似性效应			表面相似性效应		
	模型 1	模型 2	模型 3	模型 4	模型 5	模型 6
教育水平	0.100	0.082	0.102	- 0.039	- 0.032	- 0.027
工作年限	- 0.042	- 0.043	- 0.041	- 0.060	- 0.059	- 0.057
创业总数	0.043	0.025	0.018	0.053	0.057	0.053
创造性自我效能	0.065	0.057	0.054	- 0.037	- 0.033	- 0.035
创新自我效能	- 0.099	- 0.094	- 0.077	0.067	0.062	0.070
技术知识		0.087	0.059		- 0.006	- 0.016
预防定向		- 0.109 *	- 0.116 *		0.038	0.032
技术知识 × 预防定向			- 0.181 ***			- 0.088
R^2	0.016	0.034	0.066	0.010	0.011	0.019
Adjusted R^2	- 0.005	0.006	0.034	- 0.011	- 0.017	- 0.014
Δadjusted R^2	0.016	0.018 *	0.032 ***	0.010	0.001	0.008
F	0.762	1.801 *	2.084 **	0.478	0.388	0.575
VIF(max)	2.45	2.54	2.55	2.43	2.50	2.51
N, df	249, 5	249, 7	249, 8	249, 5	249, 7	249, 8

注：层级回归分析中采用的是强制进入法，表中的系数为标准化系数；* 表示 $p < 0.10$，** 表示 $p < 0.05$，*** 表示 $p < 0.01$。

资料来源：笔者整理。

图 5 - 3 为预防定向与技术知识的交互作用图。由图 5 - 3 可见，在预防定向低于一个标准差时，技术知识与结构相似性效应呈正相关；而在预

防定向高于一个标准差的时候，技术知识与结构相似性效应呈现出负相关关系。

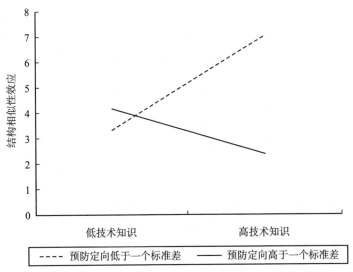

图 5 - 3 预防定向与技术知识的交互作用

表 5 - 29 为预防定向与市场知识对结构相似性的交互作用分析。模型 3 在模型 2 的基础上加入了预防定向与市场知识的交互项。由表可知，模型 2 到模型 3 的 R^2 变化为 0.013，在 0.1 水平显著；方程的 F 值为 2.36，在 0.05 水平显著；VIF 最大为 2.58，说明并不存在共线性问题。交互项回归系数为 - 0.118，在 0.1 水平显著。因此，假设 6d 得到验证。

表 5 - 29　　　　预防定向与市场知识对结构相似性效应交互作用分析

变量	结构相似性效应			表面相似性效应		
	模型 1	模型 2	模型 3	模型 4	模型 5	模型 6
教育水平	0.099	0.077	0.088	- 0.039	- 0.036	- 0.031
工作年限	- 0.040	- 0.030	- 0.022	- 0.057	- 0.050	- 0.045
创业总数	0.032	0.016	0.009	0.047	0.049	0.046
创造性自我效能	0.067	0.062	0.062	- 0.046	- 0.038	- 0.039
创新自我效能	- 0.108	- 0.131	- 0.123	0.076	0.049	0.054

续表

变量	结构相似性效应			表面相似性效应		
	模型 1	模型 2	模型 3	模型 4	模型 5	模型 6
市场知识		0.185 ***	0.167 **		0.073	0.065
预防定向		− 0.115 *	− 0.116 *		0.042	0.039
市场知识×预防定向			− 0.118 *			− 0.090
R^2	0.016	0.061	0.074	0.009	0.016	0.024
Adjusted R^2	− 0.005	0.033	0.043	− 0.011	− 0.013	− 0.009
Δadjusted R^2	0.016	0.045 ***	0.013 *	0.009	0.007	0.008
F	0.766	2.189 **	2.360 **	0.456	0.560	0.738
VIF(max)	2.46	2.58	2.58	2.43	2.54	2.54
N, df	248, 5	248, 7	248, 8	248, 5	248, 7	248, 8

注：层级回归分析中采用的是强制进入法，表中的系数为标准化系数；* 表示 $p < 0.10$，** 表示 $p < 0.05$，*** 表示 $p < 0.01$。

资料来源：笔者整理。

图 5 – 4 为预防定向与市场知识的交互作用图。由图 5 – 4 可见，预防定向高于一个标准差时，市场知识与结构相似性效应呈现微弱正相关；而预防定向低于一个标准差时，市场知识与结构相似性效应的正相关关系更为强劲。

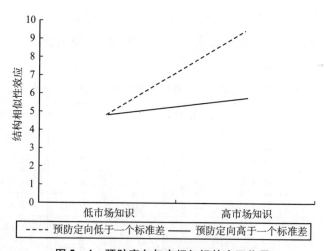

图 5 – 4　预防定向与市场知识的交互作用

5.2.6.3 情绪与知识的交互作用检验

表 5-30 呈现了积极情绪与技术知识对结构相似性效应的交互作用分析结果。模型 1 同样为仅包含控制变量的模型，整体并不显著。模型 2 在模型 1 的基础上加入了积极情绪和技术知识两个变量。R^2 变化了 0.007，并不显著。模型 3 在模型 2 的基础上加入了积极情绪和技术知识的交互项，R^2 由 0.024 增长为 0.048，R^2 变化了 0.024，在 0.1 水平上显著；方程的 F 值为 1.752，方程在 0.1 水平上显著；VIF(max) 为 2.79，小于 10，说明并不存在共线性问题。从回归系数来看，认知风格与技术知识交互项系数为 0.119，在 0.1 水平上显著。因此，假设 7a 得到验证，积极情绪水平会增强技术知识对结构相似性的促进作用。

表 5-30　　　积极情绪与技术知识对结构相似性效应的交互作用分析

变量	结构相似性效应			表面相似性效应		
	模型 1	模型 2	模型 3	模型 4	模型 5	模型 6
教育水平	0.100	0.096	0.091	-0.040	-0.037	-0.040
工作年限	-0.036	-0.030	-0.046	-0.057	-0.061	-0.073
创业总数	0.050	0.047	0.033	0.058	0.054	0.041
创造性自我效能	0.095	0.098	0.098	-0.030	-0.027	-0.027
创新自我效能	-0.120	-0.144	-0.136	0.063	0.085	0.091
积极情绪		0.018	0.021		-0.044	-0.042
技术知识		0.082	0.068		-0.005	-0.017
积极情绪×技术知识			0.119 *			0.100
R^2	0.017	0.024	0.048	0.010	0.010	0.011
Adjusted R^2	-0.003	-0.005	0.025	0.010	-0.017	-0.012
Δadjusted R^2	0.017	0.007	0.024	0.010	0.001	0.009
F	0.844	0.842	1.752 *	0.485	0.396	0.637
VIF(max)	2.45	2.79	2.79	2.42	2.75	2.76
N, df	248, 5	248, 7	248, 8	248, 5	248, 7	248, 8

注：层级回归分析中采用的是强制进入法，表中的系数为标准化系数；* 表示 $p < 0.10$，** 表示 $p < 0.05$，*** 表示 $p < 0.01$。

资料来源：笔者整理。

图5-5为积极情绪与技术知识的交互作用图。由图5-5可知，在积极情绪高于一个标准差时，技术知识与结构相似性呈正相关关系；当积极情绪低于一个标准差时，技术知识与结构相似性关系呈现微弱负相关。

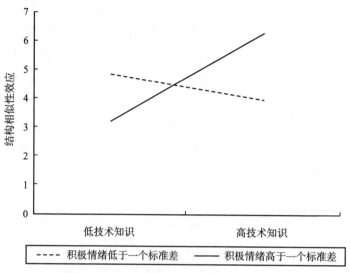

图5-5　积极情绪与技术知识的交互作用

表5-31为积极情绪与市场知识对结构相似性效应的交互作用分析结果。模型3在模型2的基础上加入了积极情绪与市场知识的交互项。由表5-31可知，模型2到模型3的R^2变化了0.002，并不显著；交互项回归系数为0.044，也并不显著。因此，假设7b没有得到验证。

表5-31　　积极情绪与市场知识对结构相似性效应的交互作用分析

变量	结构相似性效应			表面相似性效应		
	模型1	模型2	模型3	模型4	模型5	模型6
教育水平	0.102	0.092	0.094	-0.037	-0.038	-0.031
工作年限	-0.030	-0.015	-0.017	-0.051	-0.049	-0.053
创业总数	0.034	0.028	0.023	0.047	0.040	0.024
创造性自我效能	0.097	0.105	0.102	-0.040	-0.035	-0.045
创新自我效能	-0.129	-0.170	-0.164	0.071	0.077	0.094

续表

变量	结构相似性效应			表面相似性效应		
	模型 1	模型 2	模型 3	模型 4	模型 5	模型 6
积极情绪		- 0.017	- 0.016		- 0.050	- 0.047
市场知识		0.201 ***	0.201 ***		0.080	0.078
积极情绪×市场知识			0.044			0.161 **
R^2	0.017	0.055	0.057	0.008	0.016	0.041
Adjusted R^2	- 0.003	0.027	0.038	- 0.012	- 0.013	0.009
Δadjusted R^2	0.017	0.028 ***	0.002	0.008	0.007	0.025 **
F	0.851	1.985 *	1.792 *	0.413	0.552	1.288
VIF(max)	2.45	2.86	2.87	2.43	2.82	2.83
N, df	248, 5	248, 7	248, 8	248, 5	248, 7	248, 8

注：层级回归分析中采用的是强制进入法，表中的系数为标准化系数；* 表示 $p < 0.10$，** 表示 $p < 0.05$，*** 表示 $p < 0.01$。

资料来源：笔者整理。

表 5 – 32 呈现了消极情绪与技术知识对结构相似性效应的交互作用分析结果。模型 2 在模型 1 的基础上加入了消极情绪和技术知识两个变量。模型整体并不显著。模型 3 在模型 2 的基础上加入了消极情绪和技术知识的交互项，R^2 由 0.023 增长为 0.049，R^2 变化了 0.026，在 0.1 水平上显著；方程的 F 值为 1.802，方程在 0.1 水平上显著；VIF(max) 为 2.60，小于 10，说明并不存在共线性问题。从回归系数来看，消极情绪与技术知识交互项系数为 - 0.129，在 0.05 水平上显著。因此，假设 7c 得到验证，消极情绪水平会阻碍技术知识对结构相似性的促进作用。

表 5 – 32　　消极情绪与技术知识对结构相似性效应的交互作用分析

变量	结构相似性效应			表面相似性效应		
	模型 1	模型 2	模型 3	模型 4	模型 5	模型 6
教育水平	0.096	0.093	0.087	- 0.044	- 0.042	- 0.039
工作年限	- 0.032	- 0.029	- 0.027	- 0.058	- 0.061	- 0.061
创业总数	0.048	0.045	0.044	0.059	0.063	0.058

续表

变量	结构相似性效应			表面相似性效应		
	模型 1	模型 2	模型 3	模型 4	模型 5	模型 6
创造性自我效能	0.073	0.077	0.105	−0.036	−0.037	−0.016
创新自我效能	−0.109	−0.134	−0.163	0.066	0.059	0.037
消极情绪		−0.032	−0.039		−0.038	−0.045
技术知识		0.085	0.082		−0.008	−0.009
消极情绪×技术知识			−0.129**			−0.103
R^2	0.015	0.023	0.049	0.011	0.012	0.022
Adjusted R^2	−0.006	−0.006	0.027	−0.010	−0.017	−0.010
Δadjusted R^2	0.015	0.008	0.016**	0.011	0.001	0.010
F	0.733	0.796	1.802	0.514	0.415	0.683
VIF(max)	2.44	2.55	2.60	2.42	2.52	2.56
N, df	247, 5	247, 7	247, 8	247, 5	247, 7	247, 8

注：层级回归分析中采用的是强制进入法，表中的系数为标准化系数；* 表示 $p < 0.10$，** 表示 $p < 0.05$，*** 表示 $p < 0.01$。

资料来源：笔者整理。

图 5-6 为消极情绪与技术知识的交互作用图。由图 5-6 可知，当消极情绪低于一个标准差时，技术知识与结构相似性关系呈现正相关；在消极情绪高于一个标准差时，技术知识与结构相似性呈微弱相关关系。

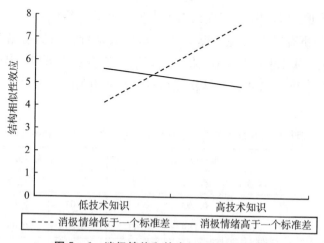

图 5-6 消极情绪和技术知识的交互作用

表 5-33 为消极情绪与市场知识对结构相似性效应的交互作用分析结果。模型 3 在模型 2 的基础上加入了消极情绪与市场知识的交互项。由表 5-33 可知，模型 2 到模型 3 的 R^2 变化了 0.007，并不显著。交互项回归系数为 -0.084，也并不显著。因此，假设 7d 没有得到验证。

表 5-33　　　消极情绪与市场知识对结构相似性效应的交互作用分析

变量	结构相似性效应			表面相似性效应		
	模型 1	模型 2	模型 3	模型 4	模型 5	模型 6
教育水平	0.099	0.091	0.093	-0.040	-0.044	-0.043
工作年限	-0.026	-0.011	-0.004	-0.051	-0.048	-0.039
创业总数	0.031	0.029	0.022	0.048	0.049	0.046
创造性自我效能	0.075	0.081	0.086	-0.046	-0.045	-0.038
创新自我效能	-0.118	-0.172	-0.177	0.074	0.050	0.043
消极情绪		-0.028	-0.026		-0.033	-0.031
市场知识		0.197***	0.198***		0.071	0.075
消极情绪×市场知识			-0.084			-0.120*
R^2	0.015	0.054	0.061	0.009	0.015	0.030
Adjusted R^2	-0.005	0.026	0.029	-0.011	-0.013	-0.003
Δadjusted R^2	0.015	0.039	0.007	0.009	0.006	0.014
F	0.748	1.925*	1.908*	0.441	0.538	0.915
VIF(max)	2.45	2.55	2.55	2.42	2.52	2.52
N, df	247, 5	247, 7	247, 8	247, 5	247, 7	247, 8

注：层级回归分析中采用的是强制进入法，表中的系数为标准化系数；* 表示 $p < 0.10$，** 表示 $p < 0.05$，*** 表示 $p < 0.01$。

资料来源：笔者整理。

5.2.6.4　认知风格与情绪的交互作用检验

表 5-34 呈现了积极情绪与认知风格对结构相似性效应的交互作用分析结果。模型 2 在模型 1 的基础上加入了积极情绪和认知风格两个变量。R^2 变化为 0.012，并不显著。模型 3 在模型 2 的基础上加入了积极情绪和认知风格的交互项，R^2 由 0.033 增长为 0.050，R^2 变化了 0.017，在 0.1

水平上显著；方程的 F 值为 1.713，方程在 0.1 水平上显著；VIF（max）为 2.78，小于 10，说明并不存在共线性问题。从回归系数来看，认知风格与技术知识交互项系数为 −0.132，在 0.05 水平上显著。因此，假设 8a 得到验证，积极情绪水平会减弱分析式思维对结构相似性的促进作用；亦即增强直觉式思维对结构相似性效应的促进作用。因此，假设 8a 得到验证。

表 5 – 34　　　积极情绪与认知风格对结构相似性效应的交互作用分析

变量	结构相似性效应			表面相似性效应		
	模型 1	模型 2	模型 3	模型 4	模型 5	模型 6
教育水平	0.101	0.104	0.103	− 0.037	− 0.033	− 0.033
工作年限	− 0.043	− 0.055	− 0.054	− 0.057	− 0.070	− 0.070
创业总数	0.050	0.063	0.049	0.058	0.063	0.063
创造性自我效能	0.121	0.133	0.142	− 0.024	− 0.011	− 0.012
创新自我效能	− 0.149	− 0.150	− 0.162	0.059	0.086	0.087
积极情绪		− 0.016	− 0.023		− 0.066	− 0.066
认知风格		0.109 *	0.104		0.086	0.086
积极情绪×认知风格			− 0.132 **			0.005
R^2	0.021	0.033	0.050	0.010	0.019	0.019
Adjusted R^2	0.000	0.003	0.017	− 0.011	− 0.010	− 0.014
Δadjusted R^2	0.021	0.011	0.017 **	0.010	0.010	0.000
F	1.010	1.118	1.713 *	0.470	0.664	0.580
VIF（max）	2.40	2.77	2.78	2.38	2.74	2.75
N, df	244, 5	244, 7	244, 8	244, 5	244, 7	244, 8

注：层级回归分析中采用的是强制进入法，表中的系数为标准化系数；* 表示 $p < 0.10$，** 表示 $p < 0.05$，*** 表示 $p < 0.01$。
资料来源：笔者整理。

图 5 – 7 为积极情绪与认知风格的交互作用图。由图 5 – 7 可知，当积极情绪低于一个标准差时，分析式思维与结构相似性关系呈现正相关；在积极情绪高于一个标准差时，分析式思维与结构相似性呈微弱负相关关系，即直觉式思维开始有利于结构相似性效应的形成。

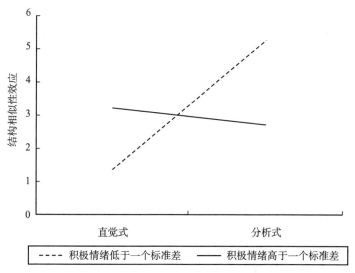

图 5 - 7 积极情绪与认知风格的交互作用

表 5 - 35 为消极情绪与认知风格对结构相似性效应的交互作用分析结果。模型 3 在模型 2 的基础上加入了消极情绪与认知风格的交互项。由表 5 - 35 可知，模型 2 到模型 3 的 R^2 变化了 0.001，并不显著。交互项回归系数为 - 0.042，也并不显著。因此，假设 8b 没有得到验证。

表 5 - 35　　消极情绪与认知风格对结构相似性效应的交互作用分析

变量	结构相似性效应			表面相似性效应		
	模型 1	模型 2	模型 3	模型 4	模型 5	模型 6
教育水平	0.096	0.103	0.105	- 0.041	- 0.039	- 0.039
工作年限	- 0.032	- 0.050	- 0.046	- 0.058	- 0.065	- 0.057
创业总数	0.048	0.064	0.065	0.059	0.071	0.072
创造性自我效能	0.073	0.115	0.117	- 0.030	- 0.019	- 0.015
创新自我效能	- 0.109	- 0.154	- 0.157	0.063	0.052	0.046
消极情绪		- 0.017	- 0.014		- 0.016	- 0.011
认知风格		0.116 *	0.116 *		0.078	0.078
消极情绪 × 认知风格			- 0.042			- 0.076
R^2	0.018	0.033	0.034	0.010	0.017	0.023

续表

变量	结构相似性效应			表面相似性效应		
	模型1	模型2	模型3	模型4	模型5	模型6
Adjusted R^2	-0.003	0.003	0.001	-0.011	-0.012	-0.011
Δadjusted R^2	0.018	0.014	0.002	0.010	0.007	0.006
F	0.880	1.114	1.025	0.494	0.579	0.679
VIF(max)	2.40	2.46	2.47	2.37	2.44	2.44
N, df	243, 5	243, 7	243, 8	243, 5	243, 7	243, 8

注：层级回归分析中采用的是强制进入法，表中的系数为标准化系数；* 表示 $p < 0.10$，** 表示 $p < 0.05$，*** 表示 $p < 0.01$。

资料来源：笔者整理。

5.2.7 假设检验总结

本研究提出的假设验证情况详见表5-36。大多数假设得到支持或部分支持。

表5-36 假设检验结果总结

假设	假设内容	结论
假设1	分析式认知风格有利于形成结构相似性联结	支持
假设2	创业的知识有助于形成结构相似性效应	部分支持
假设2a	创业者有关技术的知识与结构相似性效应正相关	不支持
假设2b	创业者有关市场的知识与结构相似性效应正相关	支持
假设3a	促进定向与结构相似性效应正相关	支持
假设3b	预防定向与结构相似性效应负相关	支持
假设4a	积极情绪与结构相似性效应正相关	不支持
假设4b	消极情绪与结构相似性效应负相关	不支持
假设5a	认知风格与技术知识存在交互作用，随着技术知识的增加，直觉风格对结构相似性的影响增强	支持
假设5b	认知风格与市场知识存在交互作用，随着市场知识的增加，直觉风格对结构相似性的影响增强	不支持

续表

假设	假设内容	结论
假设 6a	促进定向与技术知识存在交互作用，随着技术知识的增加，促进定向对结构相似性的影响增强	支持
假设 6b	促进定向与市场知识存在交互作用，随着市场知识的增加，促进定向对结构相似性的影响增强	不支持
假设 6c	预防定向与技术知识存在交互作用，随着技术知识的增加，预防定向对结构相似性的影响减弱	支持
假设 6d	预防定向与市场知识存在交互作用，随着市场知识的增加，预防定向对结构相似性的影响减弱	支持
假设 7a	积极情绪与技术知识存在交互作用，随着技术知识的增加，积极情绪对结构相似性的影响增强	支持
假设 7b	积极情绪与市场知识存在交互作用，随着市场知识的增加，积极情绪对结构相似性的影响增强	不支持
假设 7c	消极情绪与技术知识存在交互作用，随着技术知识的增加，消极情绪对结构相似性的影响减弱	支持
假设 7d	消极情绪与市场知识存在交互作用，随着市场知识的增加，消极情绪对结构相似性的影响减弱	不支持
假设 8a	积极情绪与认知风格存在交互作用，随着积极情绪的增加，直觉风格对结构相似性的影响增强	支持
假设 8b	消极情绪与认知风格存在交互作用，随着消极情绪的增加，直觉风格对结构相似性的影响减弱	不支持

资料来源：笔者整理。

5.3 结果讨论与解释

通过实证分析，所提出的假设大部分得到验证；对于个别没有被验证的假设，研究者进一步进行了深入的交互作用检验，也发现了更有趣的结果。可见，变量之间的关系是交错的，人的决策过程是一个复杂的过程。接下来，将依据理论、先前研究和我国创业实践对结果进行解释。

5.3.1 中国情境下创业者机会识别特征探讨

机会识别是创业领域的经典研究议题，正是因为机会的重要性，也使得这一研究议题经久不衰。那么，如何从古老的话题中挖掘新意和深意是当下研究者应该重点考虑的。创业热情高涨是双创时代背景下的特征之一，在鼓励创业的同时，需要关注的问题则是如何提升创业质量，通过创业实践有效满足社会需求、解决社会问题。这种现实诉求可以通过对机会识别研究的深入而实现。本书将机会识别定义为寻找技术与市场之间的匹配，这一定义来源于"机会是目的—手段关系的组合"，但是又高于先前定义，在目的—手段关系中突出了"技术"的作用。因此，本书着眼于更高层次的创业，关注如何将技术迁移到有需求的市场，突出机会质量和创新的重要性，更加契合我国创业的现实背景。

本书建立在"机会识别是形成市场与技术之间结构相似性匹配"的理论判断基础之上，试图解答"什么样的创业者会形成高水平的结构相似性判断"这一问题。在探索这一理论问题之前，研究者首先检验了研究中所设置的四个情景之间的差异。四个情景机会信念的差异分布合理才能够保证情景设置的有效性，进而探索研究问题。对样本 T 检验的结果表明，创业者在高结构相似性高表面相似性的情景中形成的机会信念最高，显著高于其他情景的机会信念；在高结构相似性低表面相似性的情景中的机会信念次高，高于低结构相似性的两个情景；而低结构相似性高表面相似性和低结构相似性低表面相似性的情景中的机会信念没有显著差异。

这一结果与前人的研究有所不同。在格雷瓜尔和谢泼德（2012）的研究中，高结构相似性高表面相似性情景中的机会信念最高，显著大于其他情景；低结构低表面相似性的情境中机会信念最低，显著低于其他情景；而在高结构低表面相似性和低结构高表面相似性情景中，机会信念没有显著差异。虽然与先前研究结果有所差异，但研究者仍然认为该结果符合常理。首先，在高结构相似性的两个情景中，创业者的机会信念要显著高于低结构相似性的两个情景，说明我国创业者对结构相似性有较强的探测和把握。同时，创业者在低结构低表面和低结构高表面相似性的两个情景中的机会信念都相对较低，说明创业者也敏锐地感知到表面特征并不是判断机会是否存在的依据。我国创业者具有较强的排除低结构相似性的能力。

然而，在高结构相似性低表面相似性的情景中，创业者的机会信念均值仅为 0.36，接近于 0（0 代表不确定是否构成机会）。在设置上，高结构相似性低表面相似性的情景显然构成机会，然而创业者却在这样的情景中表现出了决策的不确定性。说明表面线索缺失增加了决策难度，因此，创业者难以有效判断是否构成机会。

虽然从表面上看，本书中的创业者表现出更强的机会识别能力。但是得出这种结论还需谨慎。导致这种差异的原因可能是先前研究中的被调研者中包括创业企业的 CEO。由于创业者长时间沉浸于创业过程，在机会识别等创业活动中投入了大量的时间和精力，因此，相比 CEO 等非创业者，具有更强的机会识别能力和区分优劣机会的鉴别能力。

5.3.2　认知风格对机会识别的影响探讨

本书首先关注的是认知风格与结构相似性效应的关系。认知风格关乎信息收集和加工方式，对决策判断有重要影响。因此，在创业认知的研究中，认知风格也被广泛讨论。创业环境的新异性、不确定性和复杂性会引发创业者的认知负担，节省认知资源的直觉式认知风格往往被认为是一种主要的决策方式（Baron，1998）。在此，值得注意的问题是，惯常性的思维方式一定是有效的思维方式吗？显然不是，倘若惯常即是有效，也就意味着随心所欲便可成功，这一论调不攻自破。因此，我们需要进一步讨论：（1）在什么样的具体任务情境中，直觉式思维能够带来良好的决策效果；（2）具有什么样特征的创业者使用直觉式思维可以有效决策。

首先，讨论第一个问题。当我们提到"能力"时，通常会暗含高低优劣之分，能力高者优于能力低者。而认知风格不同，其本身是一个中性词汇，无好坏之分。特定的认知风格在其适用的任务情境中能够绽放优势（Witkin，Moore，Goodenough and Cox，1977）。前文已经介绍过，直觉式思维适用于非结构化的任务，而分析式适用于结构化的任务。紧接着则需发问，机会识别是一项结构化的任务吗？显然也不是，机会识别是生成创意的过程，需要创造力的卷入，甚至许多研究者认为机会识别任务具有高度的非结构化（Muller and Shepherd，2014）。那么，为何在本书所设置的机会识别情景中，分析式思维更具优势呢？在创业者识别了一系列的机会之后，需要进行谨慎评估，以判断机会是否具有可行性以及满意度。此时，基于大量细节信息的信息加工占主导地位，线性的、高度分析式的思维方式有助于有效决策（Kickul et al.，2009）。对结构相似性的探测虽然隶属于机会识别任务，但它更需要的是创业者的高度认知卷入精细加工，因此，在这一任务上，分析式思维更为有效。

其次，讨论第二个问题，具有什么样特征的创业者可以使用直觉式思维呢？本书的交互作用分析可以为这一问题提供一些见解。首先，从认知风格与技术知识的交互作用分析图可以看出，当技术知识低于一个标准差时，分析式思维对结构相似性效应表现出促进作用；而当技术知识高于一个标准差时，认知风格与结构相似性效应变得不相关。这说明在创业者缺乏相应知识的时候，理性分析有助于理性决策。有趣的是，在技术知识水平高的情况下，思维方式与决策效果之间的正相关关系消失。这表明，丰富的知识会放松对信息加工方式的要求，对于经验的丰富的"创业老手"，他们可以不拘泥于特定的认知风格，而达到理想的决策效果。

此外，积极情绪也可以充当类似的效果。积极情绪与认知风格的交互作用图显示，当积极情绪低于一个标准差的时候，分析式思维与结构相似性效应呈正相关；而当积极情绪高于一个标准差时，分析式思维与结构相似性效应呈现微弱负相关，即直觉式思维对决策的促进作用开始显现。这可以理解为，在积极情绪状态下，存储在创业者图式中的知识被激活，亦可以起到放松思维方式要求的作用。

归根结底，对于知识和经验丰富的创业者来说，他们可以不受限于环境的条框，适当"随心所欲"，受自身偏好的牵引而终其所愿。

5.3.3 知识对机会识别的影响探讨

知识有利于机会识别，这一结论在不同的研究中被验证。早在2000年，谢恩的研究发现，有关市场、服务市场方式、顾客需求和问题的知识会影响创业者选择进入哪个市场领域、如何使用技术服务市场以及选择开发产品和服务类型。可见，创业者的机会识别深受先前知识的形塑，具备某些特定知识的创业者会识别相应机会。此后，谢泼德和戴蒂安（Shepherd and DeTienne，2005）的研究从机会识别数量和识别机会的创新性来定义机会识别能力，发现在两个指标上，知识多者的表现优于知识寡者。与本书更接近的是格雷瓜尔和谢泼德（2012）的研究发现，丰富的技术知识和市场知识有利于对结构相似性的探测。

本书之所以在先前研究的基础上再次考察市场知识和技术知识对结构相似性的影响，一方面，是试图检验先前研究中的结论是否能够在中国情境中被验证；另一方面，是在考察知识对结构相似性单独作用的基础上，进一步探索知识与不同认知和心理因素如何交互影响。

首先，与假设不同的是，本书并没有完全验证先前研究中的技术和市场知识对结构相似性形成的促进作用。具体表现在，市场知识的促进作用十分显著，而技术知识并没有产生作用。这表明，创业者对市场需求的了解十分重要，深入理解市场需求才能获知如何服务市场，进而更好地识别机会。然而，本书并非否定技术知识的重要性。技术知识作用效果不显著的原因之一可能在于本书所调研的大多是技术型创业企业，在创业者的日常中，与技术打交道的机会非常多，可能在技术领域积累了大量的一般性知识，即具备了丰富的技术类的常识性知识。根据信息代替的观点：从某一特定途径获取的信息会弱化另外途径信息的作用效果（Muller and Shepherd，2014）。常识性知识的作用会使特定知识作用产生边际效应递减，因此，弱化其作用效果。

此外，研究者发现了技术知识与心理因素的强劲交互作用。交互作用分析结果表明，在高促进定向、低预防定向和高积极情绪、低消极情绪状态下，技术知识与结构相似性效应呈现预期的正相关关系；而在高预防定向和高消极情绪状态下，技术知识甚至与结构相似性效应负相关。这说明技术知识的作用效果在很大程度上依赖于情境。瓦黎葛（2013）提出的图式理论认为，知识的作用效果不仅受到知识存量的影响，也受环境中刺激强度的影响。比如，有些知识在记忆中存储，但不会无端被忆起；而当环境中出现了足够强烈的刺激时，相关记忆才会被调动。而积极情绪和促进定向则扮演了环境中刺激的角色，将惰性知识激活；而消极情绪和预防定向则起到压抑效果，使得记忆更难以被提取。

本书结果验证了图式理论，进一步说明知识的静态存量并不是预测行为效果的唯一因素。长时记忆中存储的知识可有"活性知识"和"惰性知识"之分。从本书结果来看，有关市场的知识更接近于活性知识，容易被提取和调动，起到优化决策的作用。相对的，技术知识更接近于惰性知识，尽管存贮在记忆中，但是与现实的联结并不紧密，难以提取，需要在强大的或是特定因素的诱发下，才能发挥积极作用。这也与现实情景相符合，市场知识往往来源于实践，表达得更为鲜活；而技术知识更多地来源于实验室，表达得更为抽象和刻板。

5.3.4 情绪对机会识别的影响探讨

以我观物，故物物皆着我之色彩。情绪使人在看待周围世界的时候蒙上了自己的感情色彩。在积极情绪状态下，周围世界被感知得更加美好；在消极情绪状态下，往往会阴影环绕。巴隆（2008）认为，在积极情绪状态下，创业者的感知能力和创造力水平提升，进而机会识别能力提升。从情绪效价视角来看，积极情绪是一种安全的信号，能够降低对风险的感知，从而将机会情景评估得更为积极；而消极情绪是一种危险的信号，强化感知风险，在机会评估时更为保守。

虽然巴隆（2008）从理论上论述了积极情绪对机会识别的质和量的作用，但是并没有得到实证研究的证明。本书考察了情绪对机会识别重要认知环节的影响，发现不管是积极情绪还是消极情绪对市场和技术之间结构相似性的探测都不产生影响。这表明情绪可能会影响创业者当下的风险承担性，但是并不提升或降低不确定情境中的决策效果。

而交互作用分析表明，当技术知识丰富时，积极情绪能够有效促进结构相似性判断的形成。在本书所设置的机会识别任务上，积极情绪和消极情绪水平本身并不影响决策效果。然而情绪能够起到催化剂的效果，调动和激活先前知识，帮助有效决策。

5.3.5 动机对机会识别的影响探讨

动机是影响机会识别的重要因素。在谢泼德和麦克马伦（2006）提出的创业行动模型中，动机是创业者注意分配的导向，强烈的创业动机能够使创业者保持对机会信息的敏感。而且仅有动机是不够的，辅以必要的知识，创业者才能更有效地捕捉和解读机会信息。动机和知识可以起到相互促进的作用。

调节定向是理解动机的重要理论框架，当促进定向主导时，个体的目标在于追求收益和生长；而预防定向启动的是追求安全的心理系统，个体以避免损失和伤害为导向。创业以创新性和先动性为特征，尤其在初始阶段，促进定向有助于打开局面。托马斯扬和布劳恩（2012）的研究假设，促进定向与机会识别的质量（创新性）与数量正相关，预防定向与之负相关；其实证检验验证了促进定向的积极影响，然而却没有证实预防定向的阻碍作用。而本书发现，促进定向与结构相似性效应正相关，预防定向与结构相似性效应负相关。

首先，本书验证了托马斯扬和布劳恩（2012）的研究结果，即促进定向有利于机会识别。并拓展了先前研究，进一步解答，促进定向为何有利于机会识别。在该动机趋向下，创业者能够瞄准关键机会信息，对其进行深入加工，以市场和技术之间的结构线索识别机会。通过这样的机制，促进定向引发良好的机会识别效果。同时，在托马斯扬等的研究中，预防定向阻碍机会识别的假设并没有通过机会识别数量和创新性的检验。而赫米列斯基和巴隆（2008）的研究发现，预防定向与新企业绩效具有负相关关系。那么，预防定向究竟如何影响机会识别，以及通过什么样的机制对创业企业绩效产生影响的问题尚未有合理答案。本书发现，预防定向不利于结构相似性的形成，或可为以上问题提供一些见解。

其次，本书实证检验了谢泼德和麦克马伦（2006）提出的创业行动理论模型。该模型认为，在机会识别之初，动机和先前知识可以引导创业者摆脱无知状态，形成第三人称机会信念。此后，建立在动机和知识基础上的可行性和满意度评估，帮助创业者克服怀疑，形成第一人称机会信念。在本书中，不同调节定向与知识的交互作用分析表明，促进定向与知识呈现相互促进的作用，两者的作用效果相得益彰，因此，对创业行动模型进行了初步验证。此外，本书还发现，预防定向会阻碍知识的作用，在低预防定向的情况下，知识促进结构相似性效应的形成，当预防定向水平高时，知识与结构相似性效应负相关。这一结论补充了创业行动模型的对立面，当创业者行动保守时，不仅会降低信息敏感度，甚至能够抑制知识的作用效果。

第 6 章

结论与展望

本章是整篇研究的概括与提升，总结主要的研究结论，提炼创新点和理论贡献，指出局限和不足，并对未来研究方向加以展望。

6.1 主要结论与创新点

本书基于结构映射理论设计机会识别情景，并考察影响结构相似性判断形成的因素。通过对 270 名创业者的问卷调查，得到以下三点结论，并对比先前研究发现了三点创新。

6.1.1 主要结论

6.1.1.1 我国创业者具有较强的识别结构相似性和排除表面相似性的能力

在本书中，机会识别是将技术与市场进行类比和匹配的过程。在此过程中，创业者会使用两种线索，即技术与市场的表面线索和结构线索。其中结构线索是机会识别的关键线索，因为只有当技术的功能能够契合市场需求时，机会价值方能显现。由于对结构相似性的探测需要更多的注意和认知加工，创业者往往会关注表面线索而忽视结构线索。本书通过对 270 名创业者的调研，发现我国创业者的机会识别能力表现在以下两个方面。

其一，在研究中所设置的两个低结构相似性，即在低结构高表面和低结构低表面相似性机会情景中，机会信念的均值分别为 −2.06 和 −2.04，

144

两者之间没有显著差异。均值为负说明创业者并不认同其为机会。可以说明，我国创业者具有比较高的排除低结构相似性的能力。

其二，通过两个高结构相似性情景的机会信念之和与两个低结构相似性情景的机会信念之和相减取其平均，可以得到，该群体在四个情景中所形成的结构相似性效应的均值为 5.45，明显高于先前研究中 0.55 和 0.88 的得分。说明我国创业者具有比较高的形成高结构相似性判断的能力。

但是，在高结构低表面相似性情景中，创业者的机会信念均值仅为 0.36，这代表创业者整体难以判断这一情景是否构成机会。表面相似性的缺失会带来决策不确定性，增加决策难度。该情景下的创业者决策能力有待提高。

6.1.1.2　认知风格、先前知识和不同调节定向都会影响结构相似性效应形成

本书发现了认知风格、先前知识和不同调节定向对结构相似性的形成有不同的影响。首先，分析式认知风格有利于形成结构相似性效应。相比直觉式认知风格，分析式认知风格是一种有意识的、注意力高度集中的信息加工方式，同时表现出相对更强的逻辑和理性。通常，直觉式和分析式并无优劣之分，而是适用于不同的任务和情景。在创业领域中，直觉式被更为广泛的探讨，因为创业具有时间紧迫、认知负担大、高度不确定性等特点，而直觉式认知风格可以节省认知、快速决策。但是在本书所设置的机会识别任务上，对结构相似性的探测是一种需要注意力集中以及对信息进行深度编码的认知任务，分析式表现出更大的优势。这进一步印证了认知风格的作用不可一概而论，在有些任务上，创业者亦应克服直觉冲动，理性决策。

其次，市场知识能够促进结构相似性效应的形成，而技术知识对结构相似性效应没有影响。以往研究表明，技术和市场知识对结构相似性的形成都有促进作用，然而在中国情境下，却呈现相异的结果，表现为对市场的把握比对技术的熟悉更为重要。这可能缘于本研究的调研对象大多数为技术型企业的创业者，本身就在技术领域有较多常识，反而弱化了特定技术知识的作用，而突出了市场知识的重要性。这提示技术创业者在熟悉技术的同时，更要加强对市场需求的了解和把握。

最后，不同动机取向对结构相似性效应的形成有重要影响。本研究结果与先前研究中促进定向有利于，而预防定向不利于机会识别的结论相一致，然而却在更细致的层面上解构了机会识别任务，我们同样发现，促进定向对结构相似性的形成起促进作用，预防定向起阻碍作用。此外，在交互作用分析中，还发现知识能够起强化促进定向的作用，同时起恶化预防定向的作用。这证明了，促进定向主导时，个体所表现出的先动性和警觉有利于对机会识别信息的加工，知识可以起到锦上添花的作用。

虽然本书验证了促进定向有利于机会识别、预防定向不利于机会识别，这些规律与先前研究相一致。但是，本书同样发现了创业者惯常使用的认知风格（直觉式认知风格）并没有在机会识别任务上显现出优势。在不同任务情境中，相同心理特征或许会带来相异的效果，因此，根据不同情境调控认知和行为的能力对创业者尤为宝贵。

6.1.1.3 创业者的认知和心理是交错的系统，共同影响决策和行为

本书验证了认知风格与知识、认知风格与情绪、情绪与知识、调节定向与知识之间的交互作用，说明人体是一个复杂的整体，不同的心理特性之间存在交互作用关系。首先，虽然技术知识对结构相似性的作用没有被验证，但是在积极情绪主导下，技术知识显现出与结构相似性的正相关关系。同时，技术知识之所以没有表现出对机会识别的有利作用，可能是受到了消极情绪、预防定向的抑制。

其次，本书没有证实情绪本身对结构相似性的形成产生影响，但是情绪可以与认知风格和知识产生交互作用。在直觉风格主导以及知识丰富的情况下，积极情绪对结构相似性的形成可以起到促进作用。这表明，情绪的作用相当于催化剂，积极或消极体验本身对机会识别任务不产生影响，然而在知识丰富的情况下，积极情绪可以起到激活的作用，让知识得以调动和组织，以指导当前决策；同时，积极情绪对认知的和感知水平的拓展可以弥补直觉式认知风格的不足，两者呈互补关系。

6.1.2 主要创新点

本书基于相关理论建构概念模型，通过问卷调研得到了具有代表性的

数据，在此基础上进行了规范的实证检验，所得到的研究结论与已有研究相比较，主要的创新点体现在以下三个方面。

6.1.2.1　深入考察了个体因素如何影响机会识别的认知机制

机会识别是个体与机会互动的过程。以往研究多关注"什么样的创业者能够识别机会"而忽视"为何有的机会难以被识别"。格雷瓜尔等人（2012）的研究以结构映射理论为基础，认为机会识别是对技术和市场的类比匹配，并开创性地将机会识别看作寻找技术与市场之间结构相似性的过程。其研究发现，技术和市场的结构相似性和表面相似性高低都会影响机会识别。即，机会属性本身影响机会信念，因此，有些机会难以被发现。然而在这一脉络下，尚未深入探讨为何有的创业者能够识别那些难以识别的机会？而识别这类机会首先需要通过技术和市场的结构特征作判断。

在以上研究缺口的驱动下，本书综合考虑创业者的认知和心理因素如何影响结构相似性判断的形成，进一步解答为何有的创业者能够有效识别机会。在类比匹配视角下的机会识别研究脉络上，弥补了"个体 – 机会"互动模型中对"个体"因素如何影响类比匹配研究的缺失。依托于结构映射理论，本书发现了分析式认知风格、市场知识和不同调节定向都会影响类比匹配过程中对相似性线索的使用。

6.1.2.2　在考察影响机会识别的个体因素时，突破以往研究方法的局限

机会识别是对未来的信念。然而受限于研究方法，以往研究多采用后视角，直接询问创业者过去一段时间识别了多少机会以及自评机会创新性。或者呈现机会识别任务，请创业者报告识别到的机会，然后通过专家评价的方式确定机会识别质量。这些研究方法的弊端在于：（1）难以回答创业者机会识别当下头脑中的认知过程；（2）难以回答个体因素影响机会识别的逻辑和内在机制。

相比先前研究，本书在方法上有所进展。首先，通过情景设置，考察即时机会识别，克服了先前研究的后视偏差。而且，情景设置本身反映了机会的认知属性，将难以观测的机制显性化。其次，本书突破对机会识别的数量和创新性的表层考察，关注机会识别的机制和认知属性。不仅描述了什么样的创业者能够识别机会，更解答了创业者的这些认知和心理特性

如何影响机会识别。本书通过考察创业者的认知和心理特征对结构相似性的影响，深入回答了创业者的认知和心理如何影响机会识别。

6.1.2.3 考察了认知和心理系统对机会识别影响的交互作用

以往研究多从单一视角考察机会识别的影响因素。本书将人体看作一个复杂的整体，聚焦于考察认知和心理对机会识别的交互作用。通过文献分析发现，认知风格、知识、情绪、调节定向这些关键变量都是创业认知研究的重点和热点，一方面，是因为创业者和创业情境共同造就了创业者的独特认知和心理；另一方面，则因为这些关键的认知和心理特性能够对创业活动产生影响，左右行为效果。

但是，先前研究大多只关注某种特定认知或心理的单独作用，并未深入探讨变量之间的交互作用关系。比如，促进定向本身有利于机会识别，还可以起到调动知识的作用；预防定向不利于机会识别，在预防定向主导的状态下，知识的作用也会受到抑制。本书发现了多项变量之间的交互作用，不仅拓展了相关研究，更验证了人体是一个复杂的系统，各种心理状态交互影响决策。

综上，本书通过操作技术和市场结构相似性和表面相似性的高低，设计了 2×2 的机会识别情景。检验在中国情境下，创业者对四个情景机会信念的差异；然后建构了影响结构相似性效应形成的认知和心理因素模型，在考察这些因素单独作用的基础上，进一步探索了它们之间的交互作用关系。通过差异性分析发现，创业者在高结构高表面相似性情景中形成的机会信念最高；在高结构低表面相似性情景中形成的机会信念次高；低结构高表面、低结构低表面相似性的情景中形成的机会信念最低，且两者之间没有显著性差异。这表明我国创业者具有相对较高的形成结构相似性判断的能力和较高的排除低结构相似性的能力。更重要的是，本书考察了分析式风格、先前知识和不同调节定向对结构相似性形成的影响以及几者之间复杂的交互作用关系。最大程度上还原了创业者机会识别决策的过程和影响因素。本书不仅对创业者认知和机会识别领域的研究有所贡献，也有助于启发创业实践和宏观层面上的政策制定。

6.2　理论贡献与实践启示

基于上述研究结论和主要的创新点，本书还可能为创业研究和管理实践提供一定的启示。

6.2.1　对创业研究的理论贡献

6.2.1.1　对创业认知领域的理论贡献

随着创业研究的深化，创业者如何思维和决策的问题已经得到越来越多研究者的关注。创业认知领域的研究从关注创业者有别于管理者或非创业者的独特认知特性切入，但是识别这样的认知特性只是为创业认知研究做好铺垫而非目的。在此基础上，研究者逐渐开始关注创业者的独特认知如何影响行为及其关键行为的认知过程，通过揭示价值创造活动的认知机制，总结成功创业者的思维规律。机会识别作为创业过程中的关键一环，也一直是创业认知领域的重要研究议题。回顾创业领域研究，不乏对创业者认知和机会识别关系的探讨，先前研究已经总结出一系列有利于机会识别的因素，如促进定向有利于机会识别的数量和创新性。但是本书关键在于剥离出机会识别中的认知过程，在更细致和精确的层面上揭示了信息加工和心理因素如何影响机会识别以及影响了机会识别中的哪个认知环节，从而为认知对创业行为的影响找到了更直接且强劲的解释力。

此外，从本书结论中可以引申出创业认知应是特定情境中创业者的认知。在第 2 章中曾提到，创业认知研究所关注的重点问题是创业者如何思考，而这一问题背后隐含的假设是创业者存在共同的思考方式。然而，没有任何两片树叶是相同的。尽管创业者在思维方式上表现出一些共性，尤其对认知偏差的探讨一度成为创业认知领域的热点话题，但是值得注意的是创业者之间的思维差异并不比创业者与非创业者之间的差异更小。这种差异一方面来源于个体差异，另一方面来源于任务情境。比如，尽管创业者可能更多地采用直觉式认知风格，但是在特定的任务情景中，分析式认知风格反而具有优势。在什么样的任务情境中采用什么样的思维方式，如何对自己的思维方式自省并根据任务情境灵活变换认知策略应是创业者需要提高的能力。

6.2.1.2 对机会识别和决策领域的理论贡献

本书考察了个体因素对结构相似性效应形成的作用，在先前形成"机会识别是寻找市场和技术之间结构相似性"判断的基础上，继续回答创业者的哪些心理因素有助于形成结构相似性，拓展了机会识别的研究，深化对机会本质的理解。机会识别是个体与机会互动的结果，格雷瓜尔等（2012）的研究证明了市场和技术之间结构特征在机会识别中的作用，并着重探讨机会属性对机会信念的影响。然而，机会属性的作用并不能掩盖创业者在机会识别任务上的差异，尽管特定的机会属性导致有些机会难以识别，仍然会有创业者发现这样的机会。本书基于这一判断，继续考察创业者的哪些认知和心理特征会撬动机会属性对机会识别的影响，使创业者更有效地依据结构特征识别机会。本书深入探讨了创业者如何进行类比匹配，延续和丰富了格雷瓜尔等（2012）这一脉络有关机会识别的研究。

机会来源的问题一直是研究者关注的重点，发现观认为，机会是客观存在的，等待独具慧眼的创业者去开发；创造观认为，机会是创业者想象和创造的，是主观建构的过程。这两种观点能够分别对某些特定的现象有较强的解释力，然而越来越多的研究者认为发现观和创造观并不是对立的，而是兼容的（斯晓夫等，2016）。机会识别活动具有高度的事前不确定性，创业的高失败率亦表明，很多情况下，识别到的机会很可能不是机会。创业活动之所以发生则因为创业者面对高度不确定性仍然持有对未来的乐观信念。因此，客观机会是潜在的，不断迭代和试验的创业行动则是对客观机会的主观建构过程。本书发现创业者在机会识别任务上既具有同质性，表现在情景间机会信念的差异性；也具有异质性，表现在相同情景中机会信念的差异性。这进一步印证了机会识别是对客观信息的主观赋意的过程，是机会信息和创业者共同作用的结果，深化了对机会本质的理解。

此外，本书虽然关注的研究议题是创业者的机会识别行为，然而其结论可推广至创业过程中的主要决策。首先，与机会识别决策相似，任何决策都是在有效利用信息的基础上，对备择选项进行评估，做出选择的过程，也是创业者与所拥有信息互动的过程。互联网时代，可利用的信息呈爆发式增长。于是，抽丝剥茧，透过现象看本质的能力尤为重要。如本书所设置的机会识别任务，技术和市场之间的表面特征具有迷惑性，却不是影响决策效果的主要因素。因此，面对海量信息，首先应有准确定位问题症结的意识。接下来，则需具备定位问题症结的能力。此过程的关键在于合理调动资源，比如，本书发现知识是一种认知资源，然而资源不仅限于此，个体所具备的心理资本、人力资本和社会资本都是潜在的资源，得以有效调用则可为人所用。机会识别是创业过程中的重要决策之一，与诸多其他决策相比，具有特殊性，也具有共通性。本书的具体发现背后所蕴含的规律亦可启示一般决策。

6.2.1.3　对创业心理和认知心理学领域的理论贡献

考察了认知系统和心理系统的交互作用，超越研究中以往对两者作用的分离，更加准确和系统地还原了决策过程和影响因素。人作为一个整体，认知和心理系统自然是无法分离的。信息虽然主要在认知系统中加工，但显然会受到动机、情绪等心理因素的影响。以往研究在考察心理因素对创业行为的作用时，却仅仅将其作为认知的前置因素，认为心理因素通过影响认知而影响行为，忽略了这些变量之间复杂的相互作用关系。本书将信息加工过程看作创业者依据自己的知识，以特定的信息加工方式对情景信息进行意义赋予的过程，这一过程也会受到创业者当前主观感受（情绪）和惯常行为准则（调节定向）的影响。在探讨各个变量单一作用效果的基础上，本书继而充分考察了不同因素之间的交互作用，更生动和真实地还原了机会识别决策的过程。

此外，本书将结构映射理论应用到创业机会识别的情境中，验证了该理论的生态效度，拓展了认知心理学的研究。认知心理学致力于打开人类行为的黑箱，但因实验室中的认知是否具有推广性的问题，而遭到质疑。认知心理学的研究发现，在进行类比匹配时，对事物之间结构相似性的探测需要更复杂的认知，其中背景知识和工作记忆是影响结构相似性形成的两大重要因素，然而鲜有研究关注两者如何影响商业情境中的决策。本书通过设置机会识别情景，将技术与市场之间的结构相似性效应操作化，在真实的商业环境中考察了知识如何被调动、工作记忆如何被拓展，因而影响对结构相似性的探测。从这一角度来看，本书检验了结构映射理论的生态效度，是对结构映射理论的延展和深化。

6.2.2 对创业管理与政策实践的启示

本书结果对创业者、创业教育和宏观政策制定都有所启示，形成不同层次的价值挖掘模式。

首先，从创业者自身角度出发，本书成果可以帮助他们意识到机会种类差异，有意识培养机会识别技能，更好地识别机会。很多创业者称自己凭直觉发现机会，究其原因，更多的是他们缺乏对机会本质的认识，以致不能准确地分析出自己为什么选择当下机会。面向创业者，本书成果一方面可以引导创业者在机会识别过程中从结构相似性的角度评价机会价值，并有意识地培训他们在机会识别时进行远距离搜索，通过结构相似性线索寻找创业项目；另一方面可以辅助他们判断正在从事创业项目的价值，拓展相关事业，从而提高个体创业价值和成功率。

其次，从创业教育层面出发，本项目研究成果可用于激发和培育潜在创业者的关键认知技能。从这一角度来看，本书的价值体现在以下两个方面。第一，针对具有创业激情的创业者，培育创业能力。本书致力于发掘创业者哪些知识和认知能力有助于识别高质量机会，尤其是在信息模糊的情境中，创业者自身的什么因素会对机会识别起到关键作用。识别这些因素后，可以有针对性地开发相关认知技能培育体系以及思维技巧的训练课程，以提高整体创业质量及创业成功率，更好地以创业带动经济发展。第二，针对具备相应创业技能的群体，激发创业激情。柯兹纳（1978）认为，企业家精神是人类心理特征的一个侧面，而非某一类人群所具有的特质。从这个角度来看，每个人身上都存在"创业基因"，若能得到积极引导和激发，人人皆可以成为创业者。本书结果有助于识别人群中擅长于价值创造活动的个体，授予相应的方法，或可激发创业激情，使人尽其用。

最后，从政策制定方面出发，本书的研究成果一方面可用于识别高潜质创业者。本书探索和归纳的机会识别关键认知特性和心理特征有助于政府和投资家筛选有潜力的创业项目。创业是创造性的破坏，很难事先判断其价值。当投资者无法事先对创业项目作出准确评估时，可以转而关注创业者是否具备关键创业认知特性和能力。并且，本书成果可以刻画出高质量机会识别创业者的特征，有助于政府制定创业项目的重点资助群体。另一方面，本书对机会识别机制的揭示有助于改善机会结构，在宏观层面上创造机会。机会识别是技术和市场之间的有效匹配，很多技术和市场需求并行存在却不能被联结，本书对机会本质的揭示有利于资源配置，更有效地将实验室中技术转移到有需求的市场。

6.3　局限性与未来研究展望

6.3.1　研究局限与不足

尽管本书得到一些富有启发性的结论，并且对相关理论和实践有所启示。然而没有任何一项研究是完美的，本书也存在诸多不足。在未来研究中应当加以注意，努力克服。

首先，情景设置的时效性问题。在理想状态下，研究中所涉及的机会识别情景应当针对那些已经研发成功但尚未投入市场的技术，这样才能保证被调研者对技术所能够投入的市场处于不知情状态，完全通过分析推理形成机会信念。然而本书采用了格雷瓜尔等的情景设计，一方面，是因为类似的研究第一次在中国情境下实施，沿用前人研究设计能够确保效度且方便对前人研究对比；另一方面，通过预调研，研究者并没有发现有创业者事前知晓问卷中所描述的技术，因此，推断本书的时效性问题并不严重。而且，在正式研究中，高结构相似性低表面相似性的机会情景中机会信念的均值为 0.36，接近于 0。这一结果亦表明，整体上，被调研者事先并不知晓该机会。尽管如此，在未来研究中，应思考并努力改善机会情景设置的时效性问题。

其次，本书的数据来自同一次收集的同一个体的自我报告，难免受到同源方法偏差的影响。而且，在取样时具有较强的便利性。虽然前文中报告了相关检验的结果，表明本书的取样分布合理且同源方差并不严重。但研究结果还需未来研究的进一步验证。

最后，情绪的测量问题。本书采用了积极情绪和消极情绪量表（短版）来测量情绪水平，虽然这是一种常用的情绪测量方法，而且本书也显示了该测量方法的良好信度和效度。然而，这种测量方式并不能反映出情绪内涵的复杂性。未来研究可以考虑情绪的不同维度，通过测量或诱发某种特定的情绪进一步考察其对机会识别的作用。

6.3.2　未来研究展望

以上研究不足亦为未来研究提供了机会，未来研究可在以下几个方面深入和拓展。

第一，未来研究可以尝试开发新的机会识别情景。本书仅仅针对一个技术进行表面特征和结构特征的操作，形成 2×2 的四宫格，但是四个情景之间的差异并没有在更多的情景中得到验证。未来研究可以根据结构映射理论，针对实验室中研发出的新技术进行情景操作和设置，一方面，增强研究的时效性；另一方面，可以在不同情景中验证本书的研究结果。更有，通过这样的举措或练习，甚至可以帮助实验中的技术更顺利的商业化。

第二，考察不同群体在机会识别差异和结构相似性效应上的对比。调研对象的选取需要与研究目的相一致。对结构相似性的探测和把握事实上是对机会识别提出了更高层次的要求，是一种高质量的机会识别行为。自然，在本书样本选取时，更多地考虑了级别较高的技术企业孵化器中的创业者。可以说，这些创业者大多已经经过了质量的筛选，走在成功的路上，甚至，其中有一部分连续创业者已经有过成功创业的经历。结果表明，本书的取样群体也确实具备较高的机会识别水平。那么，对于那些尚未入门但是具有高度创业者意愿的群体，他们机会识别的能力如何，以及影响他们识别机会的因素是否与本书所涉及的相同？对比不同群体的差异，应当是未来研究所要关注的。

第三，深入探索不同知识的作用机制。本书发现了市场知识的促进作用，然而却没有验证技术知识的作用。一是这可能由于对知识的测量和划分不够细致，仅测量了有关所描述的市场和技术的知识，而忽视了受调研者在与其相关领域的知识积累。未来研究更细致地区分一般知识和专业知识，深入讨论为何技术知识的作用不显著。二是如我们通常所言，活学活用，知识应用是一个灵活的过程，不仅需要在某一领域有相应的知识积累，更需要良好地调动知识解决当下问题。未来研究可以继续考察：（1）如何表征知识才能有利于知识的应用；（2）如何表征环境中的刺激才能有利于知识提取。

第四，未来研究可考察某种特定情绪对结构相似性效应的影响。本书从效价视角对情绪进行了划分，考察了积极情绪和消极情绪对结构相似性效应的影响。这种二分之下，并没有发现其单独的预测作用。而情绪除了效价维度，还有唤醒度、支配度等维度（乐国安、董颖红，2013）。其中，唤醒度指的是不同情绪在生理和心理警觉程度上的差别，而支配度是指不同情绪对环境控制感的差异。这些维度或可通过影响认知而影响机会识别。因为情绪极易改变，若是能够得到情绪可以左右机会识别的有力证据，将会对实践大有裨益。未来研究可具体关注不同情绪的影响效果。

第五，未来研究可以通过实验的方法确立因果关系。比如，本书关注的是创业者的特质性调节定向对机会识别的影响，即创业者长期以来所表现出的惯常的调节定向。未来研究可以通过启动的方式，诱发被试的状态性促进定向或预防定向，同时控制其他无关因素的影响，从而获得因果判断。

参 考 文 献

[1] 陈昀、贺远琼:《创业认知研究现状探析与未来展望》,载《外国经济与管理》2012 年第 12 期。

[2] 丁明磊:《创业自我效能及其与创业意向关系研究》,河北工业大学博士论文,2008 年。

[3] 郝喜玲、张玉利:《认知视角下创业失败研究述评和未来展望》,载《外国经济与管理》2016 年第 8 期。

[4] 刘军:《管理研究方法:原理与应用》,中国人民大学出版社 2008 年版。

[5] 刘依冉、杨俊、郝喜玲:《创业认知:研究现状和展望》,载《现代管理科学》2014 年第 12 期。

[6] 李敏、董正英:《风险认知因素对创业意愿的影响研究——感知风险的中介效应与规则聚焦的调节效应》,载《管理工程学报》2014 年第 3 期。

[7] 李海垒、张文新:《创业认知研究综述》,载《山东师范大学学报》(人文社会科学版)2014 年第 1 期。

[8] 买忆媛、熊婵:《创业团队的认知锁定对创业团队稳定性的影响——基于创业团队的多案例研究》,载《科学学研究》2012 年第 3 期。

[9] [美] 艾尔·巴比,邱泽奇译:《社会研究方法》,华夏出版社 2007 年版。

[10] 任旭林、王重鸣:《基于认知观的创业机会评价研究》,载《科研管理》2007 年第 2 期。

[11] 斯晓夫、王颂、傅颖:《创业机会从何而来:发现,构建还是发现 + 构建?——创业机会的理论前沿研究》,载《管理世界》2016 年第 3 期。

［12］ 孙彦、李纾、殷晓莉：《决策与推理的双系统——启发式系统和分析系统》，载《心理科学进展》2007 年第 5 期。

［13］ ［美］阿巴斯·塔沙克里、查尔斯·特德莱，唐海华译：《混合方法论：定性方法和定量方法的结合》，重庆大学出版社 2010 年版。

［14］ 王沛、陆琴：《创业警觉性，既有知识，创业经历对大学生创业机会识别的影响》，载《心理科学》2015 年第 1 期。

［15］ 萧浩回、陆魁宏、唐凯麟：《决策科学辞典》，人民出版社 1995 年版。

［16］ 杨俊、张玉利、刘依冉：《创业认知研究综述与开展中国情境化研究的建议》，载《管理世界》2015 年第 9 期。

［17］ 叶映华：《大学生创业意向影响因素研究》，载《教育研究》2009 年第 4 期。

［18］ 乐国安、张艺、陈浩：《当代大学生创业意向影响因素研究》，载《心理学探新》2012 年第 2 期。

［19］ 张玉利、杨俊、任兵：《社会资本，先前经验与创业机会——一个交互效应模型及其启示》，载《管理世界》2008 年第 7 期。

［20］ 张玉利、刘依冉、杨俊、郝喜玲：《创业者认知能改善绩效吗？一个整合模型及实证研究》，载《研究与发展管理》2017 年第 2 期。

［21］ 赵文红、孙卫：《创业者认知偏差与连续创业的关系研究》，载《科学学研究》2012 年第 7 期。

［22］ 周小虎、姜凤、陈莹：《企业家创业认知的积极情绪理论》，载《中国工业经济》2014 年第 8 期。

［23］ 周小虎、陈莹、王帅彬：《创业认知的形成机制——双加工系统及其选择研究》，载《管理案例研究与评论》2015 年第 4 期。

［24］ Abdelsamad M H, Kindling A T. Why Small Businesses Fail. *Sam Advanced Management Journal*, Vol. 43, No. 2, 1978, pp. 24 – 32.

［25］ Ajzen I. The Theory of Planned Behavior. *Organizational Behavior and Human Decision Processes*, Vol. 50, No. 2, 1991, pp. 179 – 211.

［26］ Aldrich H. *Organizations Evolving*. Sage, 1999.

［27］ Allinson C W, Hayes J. The Cognitive Style Index: A Measure of Intuition-analysis for Organizational Research. *Journal of Management Studies*, Vol. 33,

No. 1, 1996, pp. 119 – 135.

[28] Allport, G. W. *Personality*: *A Psychological Interpretation*. Holt & Co, New York, 1937.

[29] Alvarez S A, Barney J B. How Do Entrepreneurs Organize Firms under Conditions of Uncertainty? . *Journal of Management*, Vol. 31, No. 5, 2005, pp. 776 – 793.

[30] Alvarez S A, Barney J B. Discovery and Creation: Alternative Theories of Entrepreneurial Action. *Strategic Entrepreneurship Journal*, Vol. 1, No. 1 – 2, 2007, pp. 11 – 26.

[31] Atwood M E, Polson P G. *Further Explorations with a Process Model for Water Jug Problems*//Program on Cognitive Factors in Human Learning and Memory Report No. 49. University of Colorado, Institute for the Study of Intellectual Behavior Boulder, CO, 1976.

[32] Averill J R. *On the Paucity of Positive Emotions*: Assessment and Modification of Emotional Behavior. Springer US, 1980, pp. 7 – 45.

[33] Baddeley A D, Hitch G. Working Memory. *Psychology of Learning and Motivation*, Vol. 8, 1974, pp. 47 – 89.

[34] Baddeley A. Working Memory: Looking back and Looking forward. *Nature Reviews Neuroscience*, Vol. 4, No. 10, 2003, pp. 829 – 839.

[35] Bandura A. The Explanatory and Predictive Scope of Self-efficacy Theory. *Journal of Social and Clinical Psychology*, Vol. 4, No. 3, 1986, pp. 359 – 373.

[36] Barreto I. Solving the Entrepreneurial Puzzle: The Role of Entrepreneurial Interpretation in Opportunity Formation and Related Processes. *Journal of Management Studies*, Vol. 49, No. 2, 2012, pp. 356 – 380.

[37] Baron R A. Cognitive Mechanisms in Entrepreneurship: Why and When Entrepreneurs Think Differently than Other People. *Journal of Business Venturing*, Vol. 13, No. 4, 1998, pp. 275 – 294.

[38] Baron R A. Counterfactual thinking and Venture Formation: The Potential Effects of Thinking about "What Might Have Been". *Journal of Business Venturing*, Vol. 15, No1, 2000, pp. 79 – 91.

[39] Baron R A. OB and Entrepreneurship: The Reciprocal Benefits of Closer Conceptual Links. *Research In Organizational Behavior*, Vol. 24, 2002, pp. 225 – 269.

[40] Baron, R A. Opportunity Recognition: Insights from a Cognitive Perspective. In: Butler, J. E. (Ed.), Opportunity Identification and Entrepreneurial Behavior. Information Age Publishing, Greenwich, 2004: pp. 47 – 73.

[41] Baron R A, Ward T B. Expanding Entrepreneurial Cognition's Toolbox: Potential Contributions from the Field of Cognitive Science. *Entrepreneurship Theory and Practice*, Vol. 28, No. 6, 2004, pp. 553 – 573.

[42] Baron R A. Opportunity Recognition as Pattern Recognition: How Entrepreneurs "Connect the Dots" to Identify New Business Opportunities. *The Academy of Management Perspectives*, Vol. 20, No. 1, 2006, pp. 104 – 119.

[43] Baron R A, Ensley M D. Opportunity Recognition as the Detection of Meaningful Patterns: Evidence from Comparisons of Novice and Experienced Entrepreneurs. *Management Science*, Vol. 52, No. 9, 2006, pp. 1331 – 1344.

[44] Baron R A. Behavioral and Cognitive Factors in Entrepreneurship: Entrepreneurs as the Active Element in New Venture Creation. *Strategic Entrepreneurship Journal*, Vol. 1, No. 1 – 2, 2007, pp. 167 – 182.

[45] Baron R A. The Role of Affect in the Entrepreneurial Process. *Academy of Management Review*, Vol. 3, No. 2, 2008, pp. 328 – 340.

[46] Baron R A, Henry R A. How Entrepreneurs Acquire the Capacity to Excel: Insights from Research on Expert Performance. *Strategic Entrepreneurship Journal*, Vol. 4, No. 1, 2010, pp. 49 – 65.

[47] Baron R A, Tang J. The Role of Entrepreneurs in Firm-level Innovation: Joint Effects of Positive Affect, Creativity and Environmental Dynamism. *Journal of Business Venturing*, Vol. 26, No. 1, 2011, pp. 49 – 60.

[48] Barsade S G, Gibson D E. Group Emotion: A View from Top and Bottom. *Research on Managing Groups and Teams*, Vol. 1, No. 4, 1998, pp. 81 – 102.

[49] Baum J R, Frese M, Baron R A et al. Entrepreneurship as an Area of Psychology Study: An Introduction. *The Psychology of Entrepreneurship*, 2007, pp. 1 – 18.

[50] Bischoff K M, Gielnik M M, Frese M, et al. Limited Access to Capital, Start – Ups, and the Moderating Effect of an Entrepreneurship Training: Integrating Economic and Psychological Theories in The Context of New Venture Creation (Summary). *Frontiers of Entrepreneurship Research*, Vol. 33, No. 5, 2013, P. 3.

[51] Blume B D, Covin J G. Attributions To Intuition In The Venture Founding Process: Do Entrepreneurs Actually Use Intuition Or Just Say That They Do?. *Journal of Business Venturing*, Vol. 21, No. 1, 2011, pp. 137 – 151.

[52] Bower G H. Mood Congruity of Social Judgments. *Emotion and Social Judgments*, 1991, pp. 31 – 53.

[53] Bowers K S, Regehr G, Balthazard C, et al. Intuition In The Context Of Discovery. *Cognitive Psychology*, Vol. 22, No. 1, 1990, pp. 72 – 110.

[54] Brigham K H, De Castro J O, Shepherd D A. A Person – Organization Fit Model of Owner – Managers' Cognitive Style and Organizational Demands. *Entrepreneurship Theory and Practice*, Vol. 31, No. 1, 2007, pp. 29 – 51.

[55] Brockner J, Higgins E T, Low M B. Regulatory Focus Theory and The Entrepreneurial Process. *Journal of Business Venturing*, Vol. 19, No. 2, 2004, pp. 203 – 220.

[56] Brown, A. Metacognition and other Mechanisms. In F. E. Weinert & R. H. Kluwe (Eds.), *Metacognition, Motivation, and Understanding*. Hillsdale, NJ: Lawrence Erlbaum Associates. 1987, pp. 65 – 116.

[57] Bull I, Willard G E. Towards a Theory of Entrepreneurship. *Journal of Business Venturing*, Vol. 8, No. 3, 1993, pp. 183 – 195.

[58] Busenitz L W. Research on Entrepreneurial Alertness. *Journal of Small Business Management*, Vol. 34, No. 4, 1996, pp. 35.

[59] Busenitz L W, Barney J B. Differences between Entrepreneurs and Managers in Large Organizations: Biases and Heuristics in Strategic Decision-making. *Journal of Business Venturing*, Vol. 12, No. 1, 1997, pp. 9 – 30.

[60] Cassar G. Are Individuals Entering Self-employment Overly Optimistic? An Empirical Test of Plans and Projections On Nascent Entrepreneur Expecta-

tions. *Strategic Management Journal*, Vol. 31, No. 8, 2010, pp. 822 – 840.

[61] Casson M. *The Entrepreneur: An Economic Theory.* Rowman & Littlefield, 1982.

[62] Castrogiovanni G J. Pre-startup Planning and The Survival of New Small Businesses: Theoretical Linkages. *Journal of Management*, Vol. 22, No. 6, 1996, pp. 801 – 822.

[63] Chandler G N, Honig B, Wiklund J. Antecedents, Moderators, and Performance Consequences of Membership Change in New Venture Teams. *Journal of Business Venturing*, Vol. 20, No. 5, 2005, pp. 705 – 725.

[64] Chase W G, Simon H A. Perception in Chess. *Cognitive Psychology*, Vol. 4, No. 1, 1973, pp. 55 – 81.

[65] Chen C C, Greene P G, Crick A. Does Entrepreneurial Self-efficacy Distinguish Entrepreneurs from Managers?. *Journal of Business Venturing*, Vol. 13, No. 4, 1998, pp. 295 – 316.

[66] Chi M T H, Feltovich P J, Glaser R. Categorization and Representation of Physics Problems by Experts and Novices. *Cognitive Science*, Vol. 5, No. 4, 1981, pp. 121 – 152.

[67] Clore G L, Gasper K, Garvin E. Affect as Information. *Handbook of Affect and Social Cognition*, 2001, pp. 121 – 144.

[68] Corner P D, Kinicki A J, Keats B W. Integrating Organizational and Individual Information Processing Perspectives on Choice. *Organization Science*, Vol. 5, No. 3, 1994, pp. 294 – 308.

[69] Cosmides L, Tooby J. Better than rational: Evolutionary Psychology and the Invisible Hand. *The American Economic Review*, Vol. 84, No. 2, 1994, pp. 327 – 332.

[70] Cooper A C, Gimeno – Gascon F J, Woo C Y. Initial Human and Financial Capital as Predictors of New Venture Performance. *Journal of Business Venturing*, Vol. 9, No. 5, 1994, pp. 371 – 395.

[71] Cooper A C, Woo C Y, Dunkelberg W C. Entrepreneurs' Perceived Chances for Success. *Journal of Business Venturing*, Vol. 3, No. 2, 1988, pp. 97 – 108.

［72］ Cropanzano R, Wright T A. A 5 – year Study of Change in the Relationship between Well-being and Job Performance. *Consulting Psychology Journal: Practice and Research*, Vol. 51, No. 4, 1999, P. 252.

［73］ Crowe E, Higgins E T. Regulatory Focus and Strategic Inclinations: Promotion and Prevention in Decision – Making. *Organizational Behavior and Human Decision Processes*, Vol. 69, No. 2, 1997, pp. 117 – 132.

［74］ Dietrich F, Moretti L. On Coherent Sets and the Transmission of Confirmation. *Philosophy of Science*, Vol. 72, No. 3, 2005, pp. 403 – 424.

［75］ Dew N, Read S, Sarasvathy S D, et al. Effectual Versus Predictive Logics in Entrepreneurial Decision-making: Differences between Experts and Novices. *Journal of Business Venturing*, Vol. 24, No. 4, 2009, pp. 287 – 309.

［76］ De Wit G, Van Winden F A A M. An Empirical Analysis of Self-employment in the Netherlands. *Small Business Economics*, Vol. 1, No. 4, 1989, pp. 263 – 272.

［77］ Dimov D. From Opportunity Insight to Opportunity Intention: The Importance of Person-situation Learning Match. *Entrepreneurship Theory and Practice*, Vol. 31, No. 4, 2007, pp. 561 – 583.

［78］ Dimov D. Nascent Entrepreneurs and Venture Emergence: Opportunity Confidence, Human Capital, and Early Planning. *Journal of Management Studies*, Vol. 47, No. 6, 2010, pp. 1123 – 1153.

［79］ Dunbar K. Concept Discovery in a Scientific Domain. *Cognitive Science*, Vol. 17, No. 3, 1993, pp. 397 – 434.

［80］ Eckhardt J T, Shane S A. Opportunities and Entrepreneurship. *Journal of Management*, Vol. 29, No. 3, 2003, pp. 333 – 349.

［81］ Ericsson K A, Krampe R T, Tesch – Römer C. The Role of Deliberate Practice in the Acquisition of Expert Performance. *Psychological Review*, Vol. 100, No. 3, 1993, pp. 363.

［82］ Fiet J O. A Prescriptive Analysis of Search and Discovery. *Journal of Management Studies*, Vol. 44, No. 4, 2007, pp. 592 – 611.

［83］ Fiet J O. The Informational Basis of Entrepreneurial Discovery. *Small Business Economics*, Vol. 8, No. 6, 1996, pp. 419 – 430.

[84] Fiet J O. *The Systematic Search for Entrepreneurial Discoveries*. ABC – CLIO, 2002.

[85] Fiet J O, Patel P C. *Prescriptive Entrepreneurship*. Edward Elgar Pub, 2008.

[86] Fiet J O, Patel P C. Entrepreneurial Discovery as Constrained, Sytematic Search. *Small Business Economics*, Vol. 30, No. 3, 2008, pp. 215 – 229.

[87] Fischer E, Reuber A R. Social Interaction Via New Social Media: (How) Can Interactions on Twitter Affect Effectual Thinking and Behavior?. *Journal of Business Venturing*, Vol. 26, No. 1, 2011, pp. 1 – 18.

[88] Fiske S T, Taylor S. *Social Cognition*. New York: Random House, 1991.

[89] Flavell J H. Metacognition and Cognitive Monitoring: A New Area of Cognitive-developmental Inquiry. *American Psychologist*, Vol. 34, No. 10, 1979, pp. 906.

[90] Flavell J H. Speculations about the Nature and Development of Metacognition. En FE Weinert & RH Kluwe (Eds.), Metacognition, Motivation and Understanding. Hillside. 1987, pp. 21 – 29.

[91] Foo M D, Uy M A, Baron R A. How Do Feelings Influence Effort? An Empirical Study of Entrepreneurs' Affect and Venture Effort. *Journal of Applied Psychology*, Vol. 94, No. 4, 2009, pp. 1086.

[92] Foo M D. Emotions and Entrepreneurial Opportunity Evaluation. *Entrepreneurship Theory and Practice*, Vol. 35, No. 2, 2011, pp. 375 – 393.

[93] Forgas J P. Mood and the Perception of Unusual People: Affective Asymmetry in Memory and Social Judgments. *European Journal of Social Psychology*, Vol. 22, No. 6, 1992, pp. 531 – 547.

[94] Forgas J P. Mood and Judgment: The Affect Infusion Model (AIM). *Psychological Bulletin*, Vol. 117, No. 1, 1995, P. 39.

[95] Fraboni M, Saltstone R. First and Second Generation Entrepreneur Typologies: Dimensions and Personality. *Journal of Social Behavior and Personality*, Vol. 5, No. 3, 1990, P. 105.

[96] Fraser S, Greene F J. The Effects of Experience on Entrepreneurial Optimism and Uncertainty. *Economica*, Vol. 73, No. 290, 2006, pp. 169 – 192.

[97] Frederick D M, Libby R. Expertise and Auditors' Judgments of Conjunctive

Events. *Journal of Accounting Research*, 1986, pp. 270 – 290.

[98] Fridrickson B L. The Role of Positive Emotion in Positive Psychology: The Broaden-and-build Theory of Positive Emotion. *American Psychologist*, Vol. 56, 2001, pp. 218 – 226.

[99] Fredrickson B L, Branigan C. Positive Emotions Broaden the Scope of Attention and Thought-action Repertoires. *Cognition & Emotion*, Vol. 19, No. 3, 2005, pp. 313 – 332.

[100] Freeman J R. State Entrepreneurship and Dependent Development. *American Journal of Political Science*, 1982, pp. 90 – 112.

[101] Fudenberg D, Tirole J. Perfect Bayesian Equilibrium and Sequential Equilibrium. *Journal of Economic Theory*, Vol. 53, No. 2, 1991, pp. 236 – 260.

[102] Gaglio C M, Katz J A. The Psychological Basis of Opportunity Identification: Entrepreneurial Alertness. *Small Business Economics*, Vol. 16, No. 2, 2001, pp. 95 – 111.

[103] Geers A L, Weiland P E, Kosbab K, et al. Goal Activation, Expectations, And the Placebo Effect. *Journal of Personality and Social Psychology*, Vol. 89, No. 2, 2005, P. 143.

[104] Gentner D. Structure-mapping: A Theoretical Framework for Analogy. *Cognitive Science*, Vol. 7, No. 2, 1983, pp. 155 – 170.

[105] Gentner D, Rattermann M J, Markman A, et al. Two Forces in the Development of Relational Similarity. *Developing Cognitive Competence: New Approaches to Process Modeling*, 1995, pp. 263 – 313.

[106] Gentner, D. The Mechanisms of Analogical Learning. In S. Vosniadou & A. Ortony (Eds.), Similarity and Analogical Reasoning. Gambridge, U. K: Gambridge University Press, 1989, pp. 199 – 241.

[107] Gentner D, Markman A B. Defining Structural Similarity. *The Journal of Cognitive Science*, Vol. 6, No. 1, 2006, pp. 1 – 20.

[108] Gigerenzer, G. Adaptive Thinking: Rationality in the Real World. Oxford University Press, 2002.

[109] Gilad B, Kaish S, Ronen J. The Entrepreneurial Way with Information. In Applied Behavioural Economics, Vol. II, Maital S (ed). Wheatsheaf

Books: Brighton, UK; 1989, pp. 480 – 503.

[110] Gilbert D T, McNulty S E, Giuliano T A, et al. Blurry Words and Fuzzy Deeds: The Attribution of Obscure Behavior. *Journal of Personality and Social Psychology*, Vol. 62, No. 1, 1992, P. 18.

[111] Gimeno, J., Folta, T., Cooper, A., Woo, C. Survival of the Fittest? Entrepreneurial Human Capital and the Persistence of Underperforming Firms. *Administrative Science Quarterly*, Vol. 42, 1997, pp. 750 – 783.

[112] Glaser R. Education and Thinking: The role of Knowledge. *American Psychologist*, Vol. 39, No. 2, 1984, P. 93.

[113] Glaser, Robert, Michelene TH Chi, M. J. Farr, et al. *The Nature of Expertise*. Lawrence Erlbaum Associates, 1988.

[114] Golden, B. R. The Past Is the Past or Is It? The Use of Retrospective Accounts as Indicators of Past Strategy. *Academy of Management Journal*. Vol. 35, No. 4, 1992, pp. 848 – 860.

[115] Barr P S, Shepherd D A. Opportunity Acknowledgement as a Cognitive Process of Alignment: Evidence from Verbal Protocols [C]//Academy of Management Proceedings. Academy of Management, 2006 (1): B1 – B6.

[116] Grégoire D A, Barr P S, Shepherd D A. Cognitive Processes of Opportunity Recognition: The Role of Structural Alignment. *Organization Science*, Vol. 21, No. 2, 2010, pp. 413 – 431.

[117] Grégoire D A, Corbett A C, McMullen J S. The Cognitive Perspective in Entrepreneurship: An Agenda for Future Research. *Journal of Management Studies*, Vol. 48, No. 6, 2011, pp. 1443 – 1477.

[118] Grégoire D A, Shepherd D A. Technology-market Combinations and the Identification of Entrepreneurial Opportunities: An Investigation of the Opportunity-individual Nexus. *Academy of Management Journal*, Vol. 55, No. 4, 2012, pp. 753 – 785.

[119] Gregoire D A, Shepherd D A, Lambert L S, Measuring Opportunity-recognition Beliefs: Illustration and Validating an Experimental Approach. *Organizational Research Methods*, Vol. 13, No. 1, 2010, pp. 114 – 145.

[120] Greve W. Traps and Gaps in Action Explanation: The Oretical Problems of a

Psychology of Human Action. *Psychological Review*, Vol. 108, No. 2, 2001, P. 435.

[121] Groves K, Vance C, Choi D. Examining Entrepreneurial Cognition: An Occupational Analysis of Balanced Linear and Nonlinear Thinking and Entrepreneurship Success. *Journal of Small Business Management*, Vol. 49, No. 3, 2011, pp. 438 – 466.

[122] Gruber M. Uncovering the Value of Planning in New Venture Creation: A Process and Contingency Perspective. *Journal of Business Venturing*, Vol. 22, No. 6, 2007, pp. 782 – 807.

[123] Gruber M, MacMillan I C, Thompson J D. Look before You Leap: Market Opportunity Identification in Emerging Technology Firms. *Management Science*, Vol. 54, No. 9, 2008, pp. 1652 – 1665.

[124] Gobbo C, Chi M. How Knowledge Is Structured and Used by Expert and Novice Children. *Cognitive Development*, Vol. 1, No. 3, 1986, pp. 221 – 237.

[125] Harper, D. *Entrepreneurship and the Market Process*. Routledge, London, 1996.

[126] Hastie R. Problems for Judgment and Decision Making. *Annual Review of Psychology*, Vol. 52, No. 1, 2001, pp. 653 – 683.

[127] Hayek F A. The Use of Knowledge in Society. *The American Economic Review*, Vol. 35, No. 4, 1945, pp. 519 – 530.

[128] Hayes J, Allinson C W. Cognitive Style and Its Relevance for Management Practice. *British Journal of Management*, Vol. 5, No. 1, 1994, pp. 53 – 71.

[129] Haynie J M, Shepherd D A, Patzelt H. Cognitive Adaptability and an Entrepreneurial Task: The Role of Metacognitive Ability and Feedback. *Entrepreneurship Theory and Practice*, Vol. 36, No. 2, 2012, pp. 237 – 265.

[130] Haynie M, Shepherd D A. A Measure of Adaptive Cognition for Entrepreneurship Research. *Entrepreneurship Theory and Practice*. Vol. 33, No. 3, 2009, pp. 695 – 714.

[131] Hayward M L A, Forster W R, Sarasvathy S D, et al. Beyond Hubris: How Highly Confident Entrepreneurs Rebound to Venture Again. *Journal of*

Business Venturing, Vol. 25, No. 6, 2010, pp. 569 – 578.

[132] Herron, L. *The Effects of Characteristics of the Entrepreneur On New Venture Performance.* Columbia: University of South Carolina Press, 1990.

[133] Higgins E T. Promotion and Prevention: Regulatory Focus as a Motivational Principle. *Advances in Experimental Social Psychology*, Vol. 30, No. 2, 1998, pp. 1 – 46.

[134] Hills G E, Shrader R C. Successful Entrepreneurs' Insights into Opportunity Recognition. *Frontiers of Entrepreneurship Research*, Vol. 18, 1998, pp. 30 – 41.

[135] Hills G E, Shrader R C, Lumpkin G T. Opportunity Recognition as a Creative Process. *Frontiers of Entrepreneurship Research*, Vol. 19, 1999, pp. 216 – 227.

[136] Hmieleski K M, Baron R A. When Does Entrepreneurial Self-efficacy Enhance Versus Reduce Firm Performance?. *Strategic Entrepreneurship Journal*, Vol. 2, No. 1, 2008, pp. 57 – 72.

[137] Hmieleski K M, Baron R A. Entrepreneurs' Optimism and New Venture Performance: A Social Cognitive Perspective. *Academy of Management Journal*, Vol. 52, No. 3, 2009, pp. 473 – 488.

[138] Holland D V, Shepherd D A. Deciding to Persist: Adversity, Values, and Entrepreneurs' Decision Policies. *Entrepreneurship Theory and Practice*, Vol. 37, No. 2, 2013, pp. 331 – 358.

[139] Hollingworth A. Scene and Position Specificity in Visual Memory for Objects. *Journal of Experimental Psychology: Learning, Memory and Cognition*, Vol. 32, No. 1, 2006, P. 58.

[140] Hough J R, Ogilvie D T. An Empirical Test of Cognitive Style and Strategic Decision Outcomes. *Journal of Management Studies*, Vol. 42, No. 2, 2005, pp. 417 – 448.

[141] Isen A M. Positive Affect and Decision Making. In M Lewis & J M Haviland – Jones (Eds.), Handbook of Emotions (2nd ed.). New York: Guilford Press, 2000, pp. 417 – 435.

[142] Isen A M. Missing in Action in the AIM: Positive Affect's Facilitation of

Cognitive Flexibility, Innovation and Problem Solving. *Psychological Inquiry*, Vol. 13, No. 1, 2002, pp. 57 – 65.

[143] Johansson E. Self-employment and Liquidity Constraints: Evidence from Finland. *The Scandinavian Journal of Economics*, Vol. 102, No. 1, 2000, pp. 123 – 134.

[144] Johnson – Laird P N. Mental Models: Towards a Cognitive Science of Language, Inference, and Consciousness. Harvard University Press, 1983.

[145] Johnson D D P, Fowler J H. The Evolution of Overconfidence. *Nature*, Vol. 1477, No. 7364, 2011, pp. 317 – 320.

[146] Kahneman D, Lovallo D. Timid Choices and Bold Forecasts: A Cognitive Perspective on Risk Taking. *Management Science*, Vol. 39, No. 1, 1993, pp. 17 – 31.

[147] Kaish S, Gilad B. Characteristics of Opportunities Search of Entrepreneurs Versus Executives: Sources, Interests, General Alertness. *Journal of Business Venturing*, Vol. 6, No. 1, 1991, pp. 45 – 61.

[148] Keane M T. Incremental Analogising: Theory and Model. Human Cognition Research Laboratory, 1988.

[149] Keane M T. Consciousness, Analogy and Creativity. *Behavioral and Brain Sciences*, Vol. 14, No. 4, 1991, pp. 682 – 682.

[150] Keane M T, Ledgeway T, Duff S. Constraints on Analogical Mapping: A Comparison of Three Models. *Cognitive Science*, Vol. 18, No. 3, 1994, pp. 387 – 438.

[151] Kickul J, Gundry L K, Barbosa S D, et al. Intuition Versus Analysis? Testing Differential Models of Cognitive Style On Entrepreneurial Self-efficacy and the New Venture Creation Process. *Entrepreneurship Theory and Practice*, Vol. 33, No. 2, 2009, pp. 439 – 453.

[152] Kirton M. Adaptors and Innovators: A Description and Measure. *Journal of Applied Psychology*, Vol. 61, No. 5, 1976, P. 622.

[153] Kirzner I. *Competition and Entrepreneurship*. Chicago and London: The University of Chicago Press, 1973.

[154] Kirzner I. *Perception, Opportunity and Profit*. University of Chicago Press,

Chicago, 1979.

[155] Kirzner I M. The Primacy of Entrepreneurial Discovery. *The Prime Mover of Progress: The Entrepreneur in Capitalism and Socialism*, 1980, pp. 1 – 30.

[156] Kirzner I M. Entrepreneurial Discovery and The Competitive Market Process: An Austrian Approach. *Journal of Economic Literature*, Vol. 35, No. 1, 1997, pp. 60 – 85.

[157] Klepper S, Sleeper S. Entry by spinoffs. Working Paper, Carnegie Mellon University, 2001.

[158] Knight F H. Risk, Uncertainty and Profit. New York: Hart, Schaffner and Marx, 1921.

[159] Kuvaas B. An Exploration of Two Competing Perspectives on Informational Contexts in Top Management Strategic Issue Interpretation. *Journal of Management Studies*, Vol. 39, No. 7, 2002, pp. 977 – 1001.

[160] Latham G P, Pinder C C. Work Motivation Theory and Research at the Dawn of the Twenty-first Century. *Annual Review of Psychology*, Vol. 56, 2005, pp. 485 – 516.

[161] Leddo J, Abelson R P. The Nature of Explanations. In J A Galambos, R P Abelson, & J B Black (Eds.), *Knowledge Structures*. Hillsdale, NJ: Erlbaum. 1986, pp. 103 – 122.

[162] Liberman N, Idson L C, Camacho C J, et al. Promotion and Prevention Choices between Stability and Change. *Journal of Personality and Social Psychology*, Vol. 77, No. 6, 1999, P. 1135.

[163] Lim D S K, Morse E A, Mitchell R K, Seawright K K. Institutional Environment and Entrepreneurial Cognitions: A Comparative Business Systems Perspective. *Entrepreneurship Theory and Practice*, Vol. 34, No. 3, 2010, pp. 491 – 516.

[164] Lockwood P, Jordan C H, Kunda Z. Motivation by Positive or Negative Role Models: Regulatory Focus Determines Who Will Best Inspire Us. *Journal of Personality and Social Psychology*, Vol. 83, No. 4, 2002, P. 854.

[165] Logan G D. Repetition Priming and Automaticity: Common Underlying Mechanisms? . *Cognitive Psychology*, Vol. 22, No. 1, 1990, pp. 1 – 35.

[166] Lord R G, Maher K J. Alternative Information-processing Models and Their Implications for Theory, Research, and Practice. *Academy of Management Review*, Vol. 15, No. 1, 1990, pp. 9 – 28.

[167] Lowe R A, Ziedonis A A. Overoptimism and the Performance of Entrepreneurial Firms. *Management Science*, Vol. 52, No. 2, 2006, pp. 173 – 186.

[168] Lyubomirsky S, King L, Diener E. The Benefits of Frequent Positive Affect: Does Happiness Lead To Success?. Vol. 131, No. 6, 2005, pp. 803 – 855.

[169] Mackie D M, Worth L T. Processing Deficits and The Mediation of Positive Affect in Persuasion. *Journal of Personality and Social Psychology*, Vol. 57, No. 1, 1989, P. 27.

[170] Malmström M, Johansson J, Wincent J. Cognitive Constructions of Low-profit and High-profit Business Models: A Repertory Grid Study of Serial Entrepreneurs. *Entrepreneurship Theory and Practice*, Vol. 39, No. 5, 2015, pp. 1083 – 1109.

[171] Markman A B, Gentner D. Structure Mapping in the Comparison Process. *The American Journal of Psychology*, Vol. 113, No. 4, 2000, P. 501.

[172] Markman A B, Gentner D. Thinking. *Annual Review of Psychology*, Vol. 52, No. 1, 2001, pp. 223 – 247.

[173] Markman G D, Balkin D B, Baron R A. Inventors and New Venture Formation: The Effects of General Self-efficacy and Regretful Thinking. *Entrepreneurship Theory and Practice*, Vol. 27, No. 2, 2002, pp. 149 – 165.

[174] Martins L L, Rindova V P, Greenbaum B E. Unlocking the Hidden Value of Concepts: A Cognitive Approach to Business Model Innovation. *Strategic Entrepreneurship Journal*, Vol. 9, No. 1, 2015, pp. 99 – 117.

[175] Martin L L, Stoner P. Mood as input: What We Think about How We Feel Determines How We Think. In L L Martin & A Tesser (Eds.), *Striving and Feeling: Interactions among Goals, Affect and Self-regulation*, 1996, pp. 279 – 301. Hillsdale, NJ, US: Lawrence Erlbaum Associates, Inc.

[176] McCarthy A M, Schoorman F D, Cooper A C. Reinvestment Decisions By Entrepreneurs: Rational Decision-making or Escalation of Commitment?.

Journal of Business Venturing, Vol. 8, No. 1, 1993, pp. 9 – 24.

[177] McClelland D C. *The Achieving Society*. Princeton, NJ: Van Nostrand, 1961.

[178] McKelvie A, Haynie J M, Gustavsson V. Unpacking the Uncertainty Construct: Implications for Entrepreneurial Action. *Journal of Business Venturing*, Vol. 26, No. 3, 2011, pp. 273 – 292.

[179] McMullen J S, Shepherd D A. Entrepreneurial Action and the Role of Uncertainty in the Theory of the Entrepreneur. *Academy of Management Review*, Vol. 31, No. 1, 2006, pp. 132 – 152.

[180] Melot A M. The Relationship between Metacognitive Knowledge and Metacognitive Experiences: Acquisition and Re-elaboration. *European Journal of Psychology of Education*, Vol. 13, No. 1, 1998, pp. 75 – 89.

[181] Messick S. The Nature of Cognitive Styles: Problems and Promise in Educational Practice. *Educational Psychologist*, Vol. 19, No. 2, 1984, pp. 59 – 74.

[182] Miller D J, Fern M J, Cardinal L B. The Use of Knowledge for Technological Innovation within Diversified Firms. *Academy of Management Journal*, Vol. 50, No. 2, 2007, pp. 307 – 325.

[183] Mitchell R K. The Composition, Classification, and Creation of New Venture Formation Expertise. The University of Utah, 1994.

[184] Mitchell R K, Smith B, Seawright K W, et al. Cross – cultural Cognitions and the Venture Creation Decision. *Academy of Management Journal*, Vol. 43, No. 5, 2000, pp. 974 – 993.

[185] Mitchell R K, Busenitz L, Lant T, et al. Toward a Theory of Entrepreneurial Cognition: Rethinking the People Side of Entrepreneurship Research. *Entrepreneurship Theory and Practice*, Vol. 27, No. 2, 2002, pp. 93 – 104.

[186] Mitchell R K, Smith J B, Morse E A, et al. Are Entrepreneurial Cognitions Universal? Assessing Entrepreneurial Cognitions across Cultures. *Entrepreneurship: Theory and Practice*, Vol. 26, No. 4, 2002, pp. 9 – 33.

[187] Mitchell R K, Busenitz L, Lant T, et al. The Distinctive and Inclusive Do-

main Of Entrepreneurial Cognition Research. *Entrepreneurship Theory and Practice*, Vol. 28, No. 6, 2004, pp. 505 – 518.

[188] Mitchell R K, Busenitz L W, Bird B, et al. The Central Question in Entrepreneurial Cognition Research. *Entrepreneurship Theory and Practice*, Vol. 31, No. 1, 2007, pp. 1 – 27.

[189] Mitchell T R, Daniels D. Motivation. In W C. Borman, D R Ilgen and R J Klimoski (Eds.), Handbook of Psychology, Industrial Andorganizational Psychology. New York: John Wiley, 2003: pp. 225 – 254.

[190] Morsella E, Bargh J A, Gollwitzer P M. *Oxford Handbook of Human Action*. Oxford University Press, 2009.

[191] McMullen J S, Shepherd D A. Regulatory Focus and Entrepreneurial Intention: Action Bias in The Recognition and Evaluation of Opportunities. *Frontiers of Entrepreneurship Research*, 2002, pp. 61 – 72.

[192] Mueller B A, Shepherd D A. Making the Most of Failure Experiences: Exploring the Relationship between Business Failure and the Identification of Business Opportunities. *Entrepreneurship Theory and Practice*, Vol. 40, No. 3, 2014, pp 457 – 487.

[193] McMullen J S, Shepherd D A. Entrepreneurial Action and the Role of Uncertainty in the Theory of the Entrepreneur. *Academy of Management Review*, Vol. 31, No. 1, 2006, pp. 132 – 152.

[194] McMullen J S, Plummer L A, Acs Z J. What is an Entrepreneurial Opportunity? . *Small Business Economics*, Vol. 28, No. 4, 2007, pp. 273 – 283.

[195] Naude W, Gries T, Wood E, et al. Regional Determinants of Entrepreneurial Start-ups in a Developing Country. *Entrepreneurship and Regional Development*, Vol. 20, No. 2, 2008, pp. 111 – 124.

[196] Nelson T O. Consciousness and Metacognition. *American Psychologist*, Vol. 51, No. 2, 1996, pp. 102.

[197] Nettle, D. Emotion, Evolution and Rationality (edsEvans, D. & Cruse, P.), Oxford University Press, 2004, pp. 193 – 208.

[198] Novick L R. Analogical Transfer, Problem Similarity, And Expertise. *Journal of Experimental Psychology: Learning, Memory, and Cognition*, Vol. 14,

No. 3, 1988, P. 510.

[199] Oliva A. Gist of the Scene. *Neurobiology of Attention*, Vol. 696, No. 64, 2005, pp. 251 – 258.

[200] Palich L E, Bagby D R. Using Cognitive Theory to Explain Entrepreneurial Risk-taking: Challenging Conventional Wisdom. *Journal of Business Venturing*, Vol. 10, No. 6, 1995, pp. 425 – 438.

[201] Panksepp J. Affective Consciousness: Core Emotional Feelings in Animals and Humans. *Consciousness and Cognition*, Vol. 14, No. 1, 2005, pp. 30 – 80.

[202] Patel P C, Fiet J O, Sohl J E. Mitigating the Limited Scalability of Bootstrapping through Strategic Alliances to Enhance New Venture Growth. *International Small Business Journal*, Vol. 29, No. 5, 2011, pp. 421 – 447.

[203] Power M J. The Structure of Emotion: An Empirical Comparison of Six Models. *Cognition & Emotion*, Vol. 20, No. 5, 2006, pp. 694 – 713.

[204] Read S J. Constructing Causal Scenarios: A Knowledge Structure Approach to Causal Reasoning. *Journal of Personality and Social Psychology*, Vol. 52, No. 2, 1987, P. 288.

[205] Rensink R A. Change Detection. *Annual Review of Psychology*, Vol. 53, No. 1, 2002, pp. 245 – 277.

[206] Rensink R A, O'Regan J K, Clark J J. To See or Not to See: The Need for Attention to Perceive Changes in Scenes. *Psychological Science*, Vol. 8, No. 5, 1997, pp. 368 – 373.

[207] Rensink R A. Visual Search for Change: A Probe into The Nature of Attentional Processing. *Visual Cognition*, Vol. 7, No. 1 – 3, 2000, pp. 345 – 376.

[208] Riding R, Cheema I. Cognitive Styles: An Overview and Integration. *Educational Psychology*, Vol. 11, No. 3 – 4, 1991, pp. 193 – 215.

[209] Roberts E B. *Entrepreneurs in High Technology: Lessons from MIT and Beyond*. Oxford University Press, 1991.

[210] Robey D, Taggart W. Measuring Managers' Minds: The Assessment of Style in Human Information Processing. *Academy of Management Review*, Vol. 6,

No. 3, 1981, pp. 375 – 383.

[211] Sadler – Smith E, Spicer D P, Tsang F. Validity of the Cognitive Style Index: Replication and Extension. *British Journal of Management*, Vol. 11, No. 2, 2000, pp. 175 – 181.

[212] Sarasvathy D K, Simon H A, Lave L. Perceiving and Managing Business Risks: Differences between Entrepreneurs and Bankers. *Journal of Economic Behavior & Organization*, Vol. 33, No. 2, 1998, pp. 207 – 225.

[213] Sarasvathy S D. Causation and Effectuation: Toward a Theoretical Shift from Economic Inevitability to Entrepreneurial Contingency. *Academy of Management Review*, Vol. 26, No. 2, 2001, pp. 243 – 263.

[214] Sarasvathy S D. Entrepreneurship as a Science of the Artificial. *Journal of Economic Psychology*, Vol. 24, No. 2, 2003, pp. 203 – 220.

[215] Sarasvathy S D, Dew N, Velamuri S R, et al. *Handbook of Entrepreneurship Research*. Springer US, 2003, pp. 141 – 160.

[216] Sarasvathy S D. *Effectuation: Elements of Entrepreneurial Expertise*. Edward Elgar Publishing, 2009.

[217] Schiffman H R. *Sensation and Perception: An Integrated Approach*. New York: Wiley, 2005.

[218] Schraw G, Dennison R S. Assessing Metacognitive Awareness. *Contemporary Educational Psychology*, Vol. 19, No. 4, 1994, pp. 460 – 475.

[219] Schumpeter J. The *Theory of Economic Development*. Harvard University Press, Cambridge MA, 1934.

[220] Sexton D L, Bowman N B. Entrepreneurship Education: Suggestions for Increasing Effectiveness. *Journal of Small Business Management* (pre – 1986), Vol. 22, No. 2, 1984, P. 18.

[221] Shackle, G. *Imagination and the Nature of Choice*. Edinburgh, Scotland: Edinburgh University Press, 1982.

[222] Shane S. Prior Knowledge and The Discovery of Entrepreneurial Opportunities. *Organization Science*, Vol. 11, No. 4, 2000, pp. 448 – 469.

[223] Shane S, Venkataraman S. The Promise of Entrepreneurship as a Field of Research. *Academy of Management Review*, Vol. 25, No. 1, 2000, pp. 217 – 226.

[224] Shaver K G, Scott L R. Person, Process, Choice: The Psychology of New Venture Creation. *Entrepreneurship Theory and Practice*, Vol. 16, No. 2, 1991, pp. 23 – 45.

[225] Shepherd D A. Learning from Business Failure: Propositions of Grief Recovery for the Self-employed. *Academy of Management Review*, Vol. 28, No. 2, 2003, pp. 318 – 328.

[226] Shepherd D A, DeTienne D R. Prior Knowledge, Potential Financial Reward, and Opportunity Identification. *Entrepreneurship Theory and Practice*, Vol. 29, No. 1, 2005, pp. 91 – 112.

[227] Shepherd D A, McMullen J S, Jennings P D. The Formation of Opportunity Beliefs: Overcoming Ignorance and Reducing Doubt. *Strategic Entrepreneurship Journal*, Vol. 1, No. 1 – 2, 2007, pp. 75 – 95.

[228] Shepherd D A, Cardon M S. Negative Emotional Reactions to Project Failure and The Self-compassion to Learn from The Experience. *Journal of Management Studies*, Vol. 46, No. 6, 2009, pp. 923 – 949.

[229] Shepherd D A, Patzelt H, Wolfe M. Moving forward from Project Failure: Negative Emotions, Affective Commitment, and Learning from the Experience. *Academy of Management Journal*, Vol. 54, No. 6, 2011, pp. 1229 – 1259.

[230] Simon M, Houghton S M, Aquino K. Cognitive Biases, Risk Perception, And Venture Formation: How Individuals Decide to Start Companies. *Journal of Business Venturing*, Vol. 15, No. 2, 2000, pp. 113 – 134.

[231] Simon M, Houghton S M. The Relationship Among Biases, Misperceptions and the Introduction of Pioneering Products: Examining Differences in Venture Decision Contexts. *Entrepreneurship Theory and Practice*, Vol. 27, No. 2, 2002, pp. 105 – 124.

[232] Singh R, Hills G, Hybels R, Lumpkin G. Opportunity Recognition through Social Network Characteristics of Entrepreneurs. In: Reynolds P, Bygrave

W, S Manigart C, Mason G, Meyer H, Sapienza K. (Eds.), Frontiers of Entrepreneurship Research. Babson College Press, Babson, Park, 1999, pp. 228 – 241.

[233] Shane S A. *A General Theory of Entrepreneurship*: *The Individual-opportunity Nexus*. Edward Elgar Publishing, 2003.

[234] Staw B M, Barsade S G. Affect and Managerial Performance: A Test of the Sadder-but-wiser Vs. Happier-and-smarter Hypotheses. *Administrative Science Quarterly*, Vol. 38, No. 2, 1993, pp. 304 – 331.

[235] Streufert S, Nogami G Y. (1989). Cognitive Style and Complexity: Implications for I/O Psychology. In C L Cooper & I Robinson (Eds.), International Review of Industrial and Organizational Psychology (pp. 43 – 93). Chichester, U. K. : John Wiley.

[236] Tang J, Kacmar K M M, Busenitz L. Entrepreneurial Alertness in the Pursuit of New Opportunities. *Journal of Business Venturing*, Vol. 27, No. 1, 2012, pp. 77 – 94.

[237] Tierney P, Farmer S M. Creative Self-efficacy: Its Potential Antecedents and Relationship to Creative Performance. *Academy of Management Journal*, Vol. 45, No. 6, 2002, pp. 1137 – 1148.

[238] Timmons J A, Spinelli S. New Venture Creation: Entrepreneurship for the 21st Century. 1999.

[239] Thagard P, Verbeurgt K. Coherence as Constraint Satisfaction. *Cognitive Science*, Vol. 22, No. 1, 1998, pp. 1 – 24.

[240] Thagard P. Causal inference in Legal Decision Making: Explanatory Coherence Vs. Bayesian Networks. *Applied Artificial Intelligence*, Vol. 18, No. 3 – 4, 2004, pp. 231 – 249.

[241] Thagard P. Mind: Introduction to Cognitive Science. Cambridge, MA: MIT Press, 2005.

[242] Townsend D M, Busenitz L W, Arthurs J D. To Start or not to Start: Outcome and Ability Expectations in the Decision to Start a New Venture. *Journal of Business Venturing*, Vol. 25, No. 2, 2010, pp. 192 – 202.

[243] Tumasjan A, Braun R. In the Eye of the Beholder: How Regulatory Focus

and Self-efficacy Interact in Influencing Opportunity Recognition. *Journal of Business Venturing*, Vol. 27, No. 6, 2012, pp. 622 – 636.

[244] Ucbasaran D, Westhead P, Wright M. The Extent and Nature of Opportunity Identification by Experienced Entrepreneurs. *Journal of Business Venturing*, Vol. 24, No. 2, 2009, pp. 99 – 115.

[245] Utsch A, Rauch A. Innovativeness and Initiative as Mediators between Achievement Orientation and Venture Performance. *European Journal of Work and Organizational Psychology*, Vol. 9, No. 1, 2000, pp. 45 – 62.

[246] Uy M A, Foo M D, Song Z. Joint Effects of Prior Start-up Experience and Coping Strategies on Entrepreneurs' Psychological Well-being. *Journal of Business Venturing*, Vol. 28, No. 5, 2013, pp. 583 – 597.

[247] Valliere D. Towards a Schematic Theory of Entrepreneurial Alertness. *Journal of Business Venturing*, Vol. 28, No. 3, 2013, pp. 430 – 442.

[248] Van Praag C M, Cramer J S. The Roots of Entrepreneurship and Labour Demand: Individual Ability and Low Risk Aversion. *Economica*, Vol. 68, No. 269, 2001, pp. 45 – 62.

[249] Venkataraman S. The Distinctive Domain of Entrepreneurship Research. *Advances in Entrepreneurship, Firm Emergence and Growth*, Vol. 3, No. 1, 1997, pp. 119 – 138.

[250] Vesalainen J, Pihkala T. Motivation Structure and Entrepreneurial Intentions. *Frontiers of Entrepreneurship Research*, 1999, P. 19.

[251] Walsh J P. Managerial and Organizational Cognition: Notes from a Trip Down Memory Lane. *Organization Science*, Vol. 6, No. 3, 1995, pp. 280 – 321.

[252] Watson D, Clark L A, Tellegen A. Development and Validation of Brief Measures of Positive and Negative Affect: The PANAS Scales. *Journal of Personality and Social Psychology*, Vol. 54, No. 6, 1988, P. 1063.

[253] Weick K E, Sutcliffe K M, Obstfeld D. Organizing and the Process of Sensemaking. *Organization Science*, Vol. 16, No. 4, 2005, pp. 409 – 421.

[254] Weiss H M. Deconstructing Job Satisfaction: Separating Evaluations, Beliefs and Affective Experiences. *Human Resource Management Review*,

Vol. 12, No. 2, 2002, pp. 173 – 194.

[255] Welpe I M, Spörrle M, Grichnik D, et al. Emotions and Opportunities: The Interplay of Opportunity Evaluation, Fear, Joy, and Anger as Antecedent of Entrepreneurial Exploitation. *Entrepreneurship Theory and Practice*, Vol. 36, No. 1, 2012, pp. 69 – 96.

[256] Witkin H A, Moore C A, Oltman P K, et al. Role of the Field-dependent and Field-independent Cognitive Styles in Academic Evolution: A Longitudinal Study. *Journal of Educational Psychology*, Vol. 69, No. 3, 1977, P. 197.

[257] Wyer Jr R S, Srull T K. *Memory and Cognition in Its Social Context*. Psychology Press, 2014.

[258] Yamakawa Y, Peng M W, Deeds D L. Rising from the Ashes: Cognitive Determinants of Venture Growth After Entrepreneurial Failure. *Entrepreneurship Theory and Practice*, Vol. 39, No. 2, 2015, pp. 209 – 236.

[259] Yu T F L. Entrepreneurial Alertness and Discovery. *The Review of Austrian Economics*, Vol. 14, No. 1, 2001, pp. 47 – 63.

[260] Zacharakis A, Spinelli S Jr. *Entreprneurship: The Engine of Growth*. Praeger: Westport, CT, 2007.

[261] Zimmer C, Aldrich H. Resource Mobilization through Ethnic Networks: Kinship and Friendship Ties of Shopkeepers in England. *Sociological Perspectives*, Vol. 30, No. 4, 1987, pp. 422 – 445.

[262] Zimny G H. *Method in Experimental Psychology*. New York, NY, US: Ronald Press Company Method in Experimental Psychology, 1961.

[263] Zhao H, Seibert S E, Hills G E. The Mediating Role of Self-efficacy in the Development of Entrepreneurial Intentions. *Journal of Applied Psychology*, Vol. 90, No. 6, 2005, P. 1265.

[264] Zhao H, Seibert S E, Lumpkin G T. The Relationship of Personality to Entrepreneurial Intentions and Performance: A Meta-analytic Review. *Journal of Management*, Vol. 36, No. 2, 2010, pp. 381 – 404.

后　　记

谨以只字片语，感谢助益于本书成稿的老师、同学和家人们。

首先，感谢我的博士生导师任学锋教授。感谢任老师不嫌我愚钝木讷，将我收入门下。老师身负重任，仍然对学生尽心尽力地指导，帮助完善结构。其次，感谢我的合作导师张玉利教授。虽然每次提及张老师，要在导师前面加"合作"二字，但四年里，承太多的师恩。治学严谨、思维缜密，同时您的人格魅力不限于学术，更体现在对学生们的关心，为我创造了各种机会，开阔眼界。最后，我要感谢我的国外导师李涌教授。在美国一年，李老师尽最大的努力为我创造学习机会；回国后，李老师仍然时常关心我的学术进展。李老师给予我的宽容、教诲和鼓励，让我有勇气背负梦想在学术路上继续向前。

欣喜且自豪，有幸跟随三位德高望重的恩师学习。同样幸运的是，能够成为南开大学创业研究中心的一员，得众多优秀的青年老师的指点、支持和鼓励。感谢杨俊教授。杨老师可以说是我学术道路上的领路人，带着我读文献、讨论问题，感佩您的学术魅力。感谢胡望斌教授，每次有问题求教您总是和蔼有加。感谢田莉副教授。田老师对我的学术和生活都给予了各种关心。感谢薛红志副院长。您的热情爽朗总是能够给我传递正能量。感谢牛芳副教授。感谢牛老师对我的诸多照拂以及对我科研的指导。

我还要感谢那些在我的学术成长过程中付出辛劳的老师们。感谢南开大学商学院王迎军教授、黄福广教授、李建标教授等老师在课堂上给我的启发。感谢弗吉尼亚大学的 Saras 教授来南开讲学时为我展现了学术的精彩和魅力。感谢 IACMR 年会上路江涌教授给予我研究的建议，感谢南开大学商学院林伟鹏副教授和李圭泉博士给我的建议。正是他们的付出，我才有了更大的进步。

感谢王伟毅师兄，在我因为调研没有着落而万分焦虑的时候慷慨相助。在之后的接触中，感受到了师兄为人的责任感和做事的周全，也感受到团队代代相传的情谊和风范。感谢师兄云乐鑫博士。师兄温文尔雅，宽厚平和，总是笑待我们的任何疑问。感谢师姐朱晓红博士。师姐有大姐大的激情与豪迈，许多个日夜相伴在工作岗位，一同奋战。感谢师兄刘振博士。跟师兄既是同门，又是同乡，交流之中也更显亲切。唯愿不改初心，不忘梦想，大家一切安好。

感谢各位同门前辈宋正刚博士、粟进博士、谢巍博士、何一清博士、冯永春博士、王秀峰博士，以及师弟迟考勋、黄鹤、肖应钊、张广琦、何良兴，师妹薛鸿博、路瑞杰、张咪、李艳妮。有他们，我们的大家庭才完整而美好。特别感谢我的同门兼挚友郝喜玲博士。感谢我们在一起认知上的互动和情感上的支持，让我成为更好的自己。无数次长谈，或人生感悟，或学术心得，已经让我们形成了"我不说，你就知道"的默契。还要感谢张腾、张辉、马明龙、张成虎、葛法权、乔艳芬等同学，跟他们在一起的时光总是那么快乐。

最后，感谢我的家人们的支持。感谢我的父母，感谢他们对我的抚养和教育。感谢他们对我选择的充分支持。还要感谢我的丈夫卢文虎先生，感谢在对的时间相遇。

感恩在南开的日子，感恩在南开的日子有你们相伴。

刘依冉

2017 年 5 月于南开园